PRIX : 50 CENTIMES

La Vérité
sur la
Grève des Cheminots

PAR

J. P. GRANDVALLET

Trésorier du Comité de Grève

EN VENTE CHEZ L'AUTEUR

DÉPOT : 22, RUE HUYGHENS, 22

PARIS

OUVRAGE DU MÊME AUTEUR

En vente à la Librairie du Socialisme :

3, rue de la Roquette.

Le Manuel du Cheminot

Franco : **0** fr. **15**

J. P. GRANDVALLET

Trésorier du Comité de Grève

La Vérité

sur la

Grève des Cheminots

EN VENTE CHEZ L'AUTEUR

à la Villa d'Ay (Marne)

DÉPOT : 22, RUE HUYGHENS, 22

PARIS

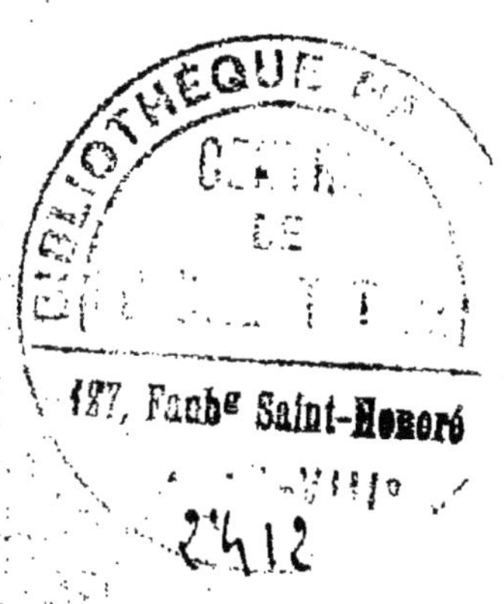

PRÉFACE

A l'heure où va paraître la présente brochure, près de 3,000 des nôtres sont victimes du mouvement de grève d'octobre 1910. Les uns, révoqués, sont, pour la plupart, sans travail : mis en quelque sorte au ban de la société capitaliste pour avoir exercé un droit qui leur était conféré par la loi bourgeoise, ils n'ont pas trouvé à s'embaucher et, leurs économies étant épuisées, ils subissent l'effroyable torture morale d'avoir eux-mêmes réduit à la misère des femmes et des enfants. Les autres sont, depuis cinq mois, emprisonnés illégalement ; ils attendent vainement le jour où ils pourront enfin passer en jugement, réduire à néant les accusations portées contre eux et être rendus à la liberté, à leurs familles qui crient famine.

En grand nombre, ils ont, tout d'abord, été les victimes des illusions anarchistes. Dépourvus d'éducation sociale, ils ont facilement été entraînés par les chimères du syndicalisme prétendu « révolutionnaire » ; mais il faut rendre justice à leur courage et avouer que leurs illusions ont été généreuses.

Si l'*exposé, rigoureusement exact, des faits, rien que des faits*, contenus dans cette brochure, montre que beaucoup de nos militants ont été, par leur légèreté, par leur manque de sang-froid, par leur imprévoyance, en partie responsables de l'échec du mouvement, du moins cette responsabilité, ils ne la portent que devant la classe ouvrière — et ce n'est pas à la Bourgeoisie, qui a profité de leurs erreurs, d'en tirer argument contre eux.

Mon exposé prouvera aux gens les plus hostiles aux grévistes que ceux-ci ont été surtout les victimes des conditions économiques, qui maintiennent les prolétaires en état d'infériorité morale et matérielle, et qu'une mesure de réparation s'impose plus que jamais : la libération des cheminots prisonniers et la réintégration des révoqués.

J.-P. G.

Paris, le 22 mars 1911

I

GENESE DE LA GREVE

Le Syndicat national des travailleurs des chemins de fer de France et des Colonies avait tenté de provoquer une grève générale des réseaux en 1898. Son échec fut complet et il passa par une longue période d'acalmie (1898 à 1908) pour réparer ses pertes.

En mai 1908, à son dix-neuvième Congrès annuel, l'idée de la grève fut reprise par un délégué du groupe Paris-Nord, Fiolet. Ils s'agissait d'organiser une cessation concertée du travail si les revendications générales du Syndicat étaient repoussées par les Compagnies. Les délégués des réseaux de l'Est et du Midi combattirent la proposition qui fut repoussée par le vote de l'ordre du jour pur et simple.

L'année suivante (mai 1909), un nouveau Congrès (le vingtième) examina les moyens de faire aboutir devant le Parlement le vote du projet de la loi Berteaux, amendé d'accord entre les diverses associations des travailleurs de la voie ferrée, et d'obtenir en outre des Compagnies un relèvement des salaires. La grève fut envisagée plus sérieusement et le Congrès tint une séance secrète au cours de laquelle furent minutieusement discutées les possibilités d'engager ce mouvement. La délibération se termina par la nomination d'un Comité de grève ; mais, en réalité, ce Comité ne fonctionna pas.

Par contre, le Conseil d'Administration du Syndicat et les Comités des différents réseaux entreprirent une campagne de réunions corporatives en vue de faire pression sur les Compagnies pour leur arracher une augmentation des bas salaires. Cette campagne s'intensifia lorsque le vote de la loi Berteaux sur les retraites des travailleurs des chemins de fer fut obtenu du Sénat.

En avril 1910, lorsque se réunit le 21e Congrès du Syndicat, toute l'attention des délégués se concentra sur la question des salaires. Bien que la grève ne fut pas à l'ordre du jour — celui-ci portait sur des questions d'organisation: augmentation des cotisations, modifications des statuts et du journal du Syndicat, la *Tribune de la Voie Ferrée*, — les délégués à tendances anarchisantes reprirent la proposition de la grève.

Un incident avait éclaté à Sotteville-les-Rouen, où les cheminots avaient été brutalisés par la police au cours d'une manifestation pour le relèvement des salaires, et où certains d'entre-eux avaient été emprisonnés. Le délégué de cette localité, quoique n'ayant pas été mandaté à cet effet par la Section syndicale, demanda au Congrès de décider une grève de solidarité immédiate. Il fut appuyé par les anarchisants, mais combattu par les délégués du Midi, de l'Est et un grand nombre de délégués du P.-L.-M., du Nord et de l'Orléans. L'Est et le Midi présentèrent un ordre du jour préconisant une meilleure organisation et l'envoi d'une délégation au Président de Conseil des Ministres pour obtenir l'élargissement des cheminots incarcérés, en même temps que la réunion d'une conférence mixte où assisteraient les directeurs des Compagnies et les délégués des réseaux afin de discuter, devant le ministre des Travaux publics, les revendications du personnel. Cet ordre du jour fut voté, mais les anarchisants ne se tinrent pas pour battus et proposèrent, à une séance ultérieure, la motion suivante :

« Le Congrès décide la nomination d'une commission composée de deux délégués par réseau pour déterminer de l'opportunité de la grève et des moyens à employer pour obtenir l'élargissement des camarades arbitrairement arrêtés lors des manifestations récentes. »

La discussion de cette motion occupa toute une séance. Craignant l'obstruction et désireux d'épuiser l'ordre du jour du Congrès, les délégués de l'Est et du Midi se résignèrent à le voter et un Comité de Grève fut désigné.

Comme on le voit, une notable fraction des délégués du Syndicat était entraînée à la grève. Cette fraction recevait son impulsion du journal de Gustave Hervé, la *Guerre Sociale*, qui avait livré une vive campagne de dénigrement contre le Secrétaire du Syndicat, Guérard, un des chefs des éléments modérés de la C.G.T. Elle voulait la grève pour la grève et se préoccupait assez peu des inconvénients que ce mouvement pouvait comporter. Elle était exclusivement préoccupée du désir d'étaler ses sentiments « révolutionnaires ».

La fraction opposée était, au contraire, désireuse de n'employer la grève que comme moyen extrême, après avoir épuisé tous les moyens de conciliation. Elle voulait surtout attendre l'année 1911 afin que la nouvelle loi des retraites fut applicable et permit aux victimes de la grève de bénéficier des pensions auxquelles elles avaient droit par l'ancienneté de leurs services. Elle voulait enfin avoir le temps d'éduquer les nouvelles recrues faites en grand nombre depuis un an par le Syndicat national, renforcer les adhésions à ce syndicat et le réorganiser pour lui donner plus de force et de souplesse dans son fonctionnement.

En résumé, tandis que les uns n'attendaient la réussite du mouvement de grève que de l'impulsion vigoureuse des « minorités agissantes » suivant la méthode des anarchistes de la C.G.T., les autres ses défiaient du manque d'unité morale parmi les syndiqués et n'entendaient avoir recours à la cessation du travail qu'au moment où la victoire serait possible.

Après la séparation du Congrès d'avril 1910, la campagne pour le relèvement des salaires s'intensifia. Dans la *Tribune de la Voie Ferrée*, par des affiches et brochures, par des meetings dans les grands centres et des réunions nombreuses dans les petites localités, on s'efforça d'attirer sur les conditions de salaire des travailleurs des chemins de fer l'attention de ceux-ci et celle du public. Les grands journaux parisiens et la presse départementale se firent l'écho de cette campagne à laquelle ils se montraient généralement sympathiques. Il en résulta qu'au cours du deuxième semestre de 1910 le Syndicat national enregistra près de 35.000 adhésions et que partout où des réunions s'organisèrent au sujet des salaires, tous les agents de chemins de fer qui n'étaient pas en service y assistaient. Une effervescence générale règnait sur les réseaux. Les anarchisants du Syndicat se fondaient sur cette effervescence pour réclamer avec insistance, dans les réunions du Comité de grève et du Conseil d'Administration, le vote le plus rapproché de la cessation du travail. D'un autre côté, la Fédération nationale des mécaniciens et chauffeurs s'était abouchée avec le Syndicat national et des rapports étroits s'étaient établis entre les deux organisations qui devaient déclarer la grève à la même heure.

Cependant, les vieux militants du Syndicat ne croyaient pas à la profondeur du mouvement de mécontentement signalé sur les voies ferrées. Ils croyaient ce mouvement plus superficiel qu'il ne l'était en réalité. Beaucoup d'entre eux n'avaient pas vu sans surprise la grande presse parisienne et départementale encourager les cheminots dans leurs revendications. Les anarchisants eux-mêmes, lorsqu'ils n'étaient plus en séances, dans l'intimité, avouaient qu'ils ne croyaient guère à la réussite de la grève, ce qui ne les empêchait pas de réclamer celle-ci avec insistance.

A la réunion tenue le 17 juillet 1910 par le Conseil d'Administration, il fut décidé de procéder à une revue des forces du Syndicat sur chaque réseau et à un examen de conscience des travailleurs qui allaient être appelés à lutter.

Voici ce qui résulta de cette revue et de cet examen :

Un délégué du Nord, Gamard, déclara : « Nous sommes prêts; cependant nous ne pouvons compter sur la Fédération des mécaniciens et chauffeurs, ce sont des *jaunes* et ils sont nombreux ».

D'autres délégués du même réseau déclarèrent, l'un pour les agents des trains, Fenot, et l'autre, Richard, pour les agents de la voie qu'ils n'étaient pas prêts à marcher en cas de grève. Un quatrième délégué, Halloo, s'apprêtait à faire une déclaration semblable pour les agents de la traction, mais il en fut empêché par son camarade Gamard, ainsi qu'il le fit savoir lui-même à une séance ultérieure.

Pour le Midi, les délégués Saint-Germain et Toulouse préconisèrent une délégation auprès du gouvernement et, en même temps, l'organisation d'un referendum sur l'opportunité de la grève. Leur hésitation à engager ce mouvement était grande.

Pour l'Orléans, le délégué Robinet se dit partisan de la grève immédiate mais avoua qu'il n'y avait rien à attendre de ce réseau, encore inorganisé syndicalement.

Pour le P.-L.-M. les délégués Imbert (de Marseilles) et Aubic (de Villeneuve-Saint-Georges) se portèrent fort de son entrée en masse dans le mouvement de grève.

Sur l'Etat, par suite du rachat de l'Ouest, tous les agents avaient bénéficié d'une augmentation de salaires (sauf ceux du groupe IV qui comprend les employés les moins payés) aussi le délégué Berthelot indiqua qu'il ne fallait pas trop compter sur leur concours unanime. Un autre délégué de ce réseau, Bidamant, s'écria : « Reculer serait une lâcheté. Nous sommes acculés à la grève. Il faut que, par sa soudaineté, elle surprenne le gouvernement et l'empêche de mobiliser les cheminots. La grève est nécessaire pour sauver l'honneur du Syndicat. Instituons une dictature pour diriger la grève ! » A son tour, le délégué Le Guennic assura que les sentiments de révolte feraient explosion sur l'Ouest-Etat et que, d'ailleurs, la grève était la seule réponse à faire aux Compagnies et aux journaux qui prétendaient que les syndiqués n'étaient que de beaux parleurs incapables d'agir. Il préconisa la désignation d'un triumvirat de dictateurs capables de diriger la grève et il demanda de hâter l'heure de la lutte car l'effervescence pouvait ne pas durer longtemps. Le délégué Odinot considéra que la grève était chose moralement décidée. « Il faut, dit-il, que nous donnions l'impression que nous sommes prêts et accentuer notre recrutement par une action méthodique ».

En ce qui concerne les Compagnies secondaires, leurs représentants, à l'exception de Lelièvre, déclarèrent qu'il n'y avait pas à compter sur un concours efficace.

Le Président de la Fédération nationale des mécaniciens et chauffeurs, Toffin, fit savoir que cette Fédération prendrait elle-même ses responsabilités à son Congrès des 3-5 Août, mais que certainement, les mécaniciens et chauffeurs du Nord s'engageraient dans la grève avec ensemble. Un autre délégué de la Fédération, Sauvé, demanda, qu'une date éloignée fut choisie pour la déclaration de la grève.

Les délégués de l'Est se prononcèrent contre la grève immédiate, à l'exception de Bonnet, de Troyes. Lecoannet exprima l'avis que les cheminots étaient « emballés » pour obtenir le salaire minimum de cinq francs par jour mais qu'ils étaient encore trop inconscients pour engager une lutte sérieuse. Comme délégué du groupe d'Epernay, je m'étonnais que les anarchisants, qui avaient combattu Guérard en l'accusant de dictature, voulussent maintenant nommer des dictateurs en vue de la grève et d'autre part, je marquais ma surprise d'avoir vu la grande presse favoriser la campagne des cheminots. « N'y a-t-il pas là, dis-je, un piège pour hâter le déclanchement de la grève, avant que le Syndical soit réellement prêt à la soutenir ? Si l'on ne veut pas attendre l'année 1911, qui serait la plus favorable au mouvement, du moins, attendons la rentrée des Chambres ». Et je proposais de charger les administrateurs du Syndicat d'aller visiter les groupes pour se renseigner directement sur leur état d'esprit.

Comme conclusion à cette délibération, le Comité de grève fut chargé de fixer lui-même le jour de la cessation générale du travail.

Un ordre du jour préconisant la grève pour la date la plus rapprochée fut également voté sur la proposition de Le Guennic, mais celui-ci indiqua qu'il s'agissait, en le votant, d'influencer la presse et les Compagnies.

Réuni à plusieurs reprises, le Comité de grève ne se décida pas à lancer la proclamation des hostilités. C'est à une réunion qu'il devait tenir les 15 et 16 octobre, avec les délégués de la Fédération des mécaniciens et chauffeurs, que la date de la grève allait, sans doute, être choisie, lorsque le mouvement éclata, le 9 du même mois, sur le réseau du Nord.

II

AVANT LA GREVE

On vient de le voir, l'accord était loin d'être fait entre les militants des Syndicats sur l'heure considérée comme la plus favorable à la déclaration de la grève des chemins de fer. Les uns préféraient l'ajournement , les autres, au contraire, prétendaient agir au plus vite.

Ces derniers furent favorisés par les incidents qui se produisirent sur divers réseaux. Sur la Compagnie du Nord, la grève avait éclaté à Tergnier et il avait fallu toute l'insistance et l'autorite des délégués du Syndicat national pour y mettre fin. A Calais, le secrétaire de la Section syndicale fut révoqué et, sans l'intervention des militants du réseau, la cessation du travail eut été décidée.

Sur le P.-L.-M., à Villeneuve-Saint-Georges, quatre des plus ardents syndiqués furent choisis par la Compagnie pour expier le délit commis par les ouvriers de l'atelier en manifestant dans la rue contre un de leurs chefs, accusé de tracasseries.

Enfin, un employé du réseau Ouest-Etat fut révoqué pour avoir publié une brochure où il paraissait préconiser le sabotage.

Il semblait donc que les dirigeants des chemins de fer désiraient voir éclater à brève échéance une grève qui leur permît, par son échec, de briser les Syndicats. Ils ne croyaient pas que le mécontentement du personnel fût aussi sérieux que le disaient les militants. Néanmoins, dès le 15 juin, ils étaient préparés à réprimer toute rébellion, car, déjà, les plis cachetés contenant les ordres de mobilisation des agents étaient entre les mains des chefs de service. D'autre part, ils préféraient évidemment que la grève éclatât avant l'année 1911 afin que les révoqués ne puissent jouir de la pension de retraite à laquelle la nouvelle loi devait leur donner droit, même en cas de renvoi pour fait de grève. Enfin, de son côté, le Gouvernement, dont la situation ministérielle paraissait menacée par suite de la déclaration d'hostilité du Congrès des radicaux, tenu à Rouen, avait un intérêt politique à se présenter devant les Chambres en vainqueur d'une grève ayant compromis gravement les intérêts capitalistes. Si l'on ajoute que le recrutement du Syndicat national des Chemins de fer avait été énorme et devait grandir encore, créant ainsi une force ouvrière de premier ordre, menaçante pour la classe bourgeoise, on aura la sensation — sinon la preuve — que Gouvernement et Compagnies désiraient la grève avec non moins d'impatience que les anarchistes de la C. G. T. et de la *Guerre Sociale*.

Un grand meeting de cheminots eut lieu le 7 octobre, à la Bourse du Travail de Paris. Les orateurs du Syndicat National les plus réputés pour leurs violences de langage, Le Guennic, Renault, Aubuic, Bidamant, y prirent la parole en faveur de la grève immédiate. Un ouvrier du groupe syndical de La Chapelle (réseau du Nord), nommé Metternich, soutint avec virulence cette thèse qu'il n'y avait plus à négocier ni à attendre et qu'il fallait, sans nouveau délai, proclamer la cessation du travail. Est-ce par suite d'une simple coïncidence, mais dès le lendemain, la grève éclata au dépôt de La Chapelle.

En effet, le 8 octobre, à une heure de l'après-midi, 200 ouvriers de ce dépôt, parmi lesquels l'orateur de la Bourse du Travail, Metternich, abandonnèrent le travail sur un incident fortuit déchaîné par la Compagnie du Nord, dont voici les motifs indiqués par la presse :

Jusqu'au 1er mai dernier, tous les ouvriers faisaient des heures supplémentaires qui leur procuraient, naturellement, un meilleur salaire. Au 1er mai, les heures supplémentaires furent supprimées ; il fallait accorder un relèvement des salaires. Les ouvriers réclamèrent 1 fr. 50 par jour; on leur donna 50 centimes, mais, à grand renfort d'habileté, par mille bruits officieux, on leur laissa espérer qu'ils auraient rapidement toute satisfaction.

De fait, certains d'entre eux furent traités convenablement, ainsi les nettoyeurs qui, leur congé terminé, obtiennent 5 francs par jour.

On augmenta aussi les chauffeurs suppléants — et il faut dire tout de suite que des augmentations de cette sorte ne grèveront pas beaucoup le budget de la Compagnie du Nord. Elle vise, en effet, l'ouvrier travaillant au dépôt, mais cesse de lui être appliquée lorsqu'il monte sur une machine — ce qui lui arrive souvent, très souvent — parce qu'alors il est payé d'autre part et suivant l'échelle des mécaniciens-chauffeurs.

Il ne s'agit donc là que d'une augmentation trompe-l'œil, d'un artifice de comptabilité non point d'une amélioration réelle.

Passons. Il reste de nombreuses catégories d'ouvriers qui tous, attendent les larges et généreuses augmentations promises. Le bruit court qu'elles vont arriver, elles arrivent. C'était hier. Douze monteurs sont gratifiés d'un accroissement de salaire de 0 fr. 25; cela fait 3% du personnel, l'augmentation est ridicule. Et, dans toutes les séries, il en va à l'avenant. Voilà pour le dépôt de la Chapelle; celui de La Plaine est traité de même.

(*Humanité* du 9 Octobre 1910).

Les grévistes du dépôt de La Chapelle se rendirent au dépôt de La Plaine pour y débaucher les ouvriers. Pendant ce temps, deux militants, Roche et Coudin, sont délégués auprès du chef de service, qui se rendit en personne à la remise des machines afin d'essayer d'aplanir le conflit. Les ouvriers lui demandent une augmentation de un franc et il leur répond qu'il va en référer à l'ingénieur. Néanmoins, à 4 heures de l'après-midi, les ouvriers quittent le dépôt de La Chapelle et se rendent rue Ordener, dans une salle de réunion. Les ouvriers du dépôt de La Plaine suivent le mouvement.

A 6 heures, le président de la Fédération des mécaniciens et chauffeurs, Toffin, prévient les administrateurs du Syndicat National de la tournure que prennent les événements à La Chapelle et à La Plaine et le secrétaire du Conseil, Renaudel, se rend immédiatement au Comité du groupe Paris-Nord, conjurer ses membres de s'opposer à la grève, le Comité de grève devant prendre une décision à ce sujet le 15 octobre. Deux membres Noël et Jouy, appuient l'avis de Renaudel, mais les autres sont d'un avis opposé et décident l'envoi de leur secrétaire, Fiolet, auprès du groupe de Lille, et de Charton et Noël auprès du groupe d'Amiens. Le premier doit aller consulter le groupe le plus important du réseau, les seconds mettre au courant le secrétaire du réseau, Gamard, et le prier de convoquer les délégués de ce réseau pour une réunion le lendemain, dimanche.

Cette réunion a lieu à Paris. Y assistent un membre du comité de réseau du Nord, Gamard ; le secrétaire du groupe de Tergnier, Ducastel ; deux membres du comité de grève de la Fédération des mécaniciens et chauffeurs, ainsi que son président, Toffin ; un membre du comité général de grève, Lemoine ; quatre administrateurs du Syndicat national, Fenot, Challaix, Richard et Leroux, et enfin des grévistes parmi lesquels Ponche et Metternich qui sont appelés successivement à présider.

Lemoine pose la question : Faut-il ou non généraliser la grève ?

Gamard observe que le bureau du Comité de réseau nord n'assiste pas à la réunion, bien que convoqué par lui, mais qu'il importe néanmoins de prendre une décision rapide, car, obligé de partir, il portera la nouvelle de la grève, si elle est votée. Il ajoute que, dans le cas contraire, il donnera sa démission de secrétaire du comité de réseau nord.

A ce moment, une dépêche de Fiolet annonce que l'avis du secrétaire du groupe de Lille, Hochedez, est de ne pas marcher. Gamard objecte qu'en raison des déclarations faites au comité de réseau du Nord par Hochedez, il y a peu de temps, il a l'assurance que le groupe de Lille marchera après celui d'Amiens et de Tergnier. Il fait savoir, en outre, qu'il a eu un entretien avec le secrétaire de la Fédération des mécaniciens et chauffeurs, Leboucher, qui lui a déclaré que cette Fédération suivrait le mouvement.

Ducastel, de Tergnier, a le mandat de voter la grève.

Fenot, des agents des trains du Nord, fait remarquer qu'en votant la grève dans des conditions anormales, puisqu'elle n'en a pas le mandat des organisations, la réunion va prendre une grave responsabilité. Quant aux agents des trains, il n'y a pas à compter sur eux.

La majorité de l'assemblée accuse Fenot de se dérober aux responsabilités. Si on l'écoutait, jamais la grève ne serait déclarée.

Ludihuser dit qu'il s'abstiendra, ne voulant pas en si peu de temps, prendre une décision aussi grave que la déclaration de grève.

Richard (service de la voie du Nord) assure que

ses camarades ne marcheront que par la force.

Pigoury et Saigneur votent contre la grève, au nom des ateliers du Landy et de Saint-Ouen.

Toffin indique qu'il ne faut compter que sur la moitié des mécaniciens et chauffeurs de Paris-Nord ; mais Gamard et Ducastel affirment que l'unanimité des dépots de Tergnier et d'Amiens fera grève. Par contre, Mercier, de la Fédération des mécaniciens, confirme le dire de Toffin pour le dépot de La Chapelle où la moitié seulement des mécaniciens et chauffeurs ont retiré leurs cartes de grève.

Metternich renouvelle ses déclarations de l'avant-veille du meeting de la Bourse du Travail: il craint l'étranglement de la grève.

Finalement, à l'unanimité moins une abstention et 2 voix contre, la réunion se prononce pour la grève générale immédiate sur le réseau Nord et Lemoine est chargé de prendre la direction du mouvement qui commencera le 11 octobre à minuit.

Lemoine devait également réunir d'urgence le Comité général de grève ; mais il ne le fit pas, car ce Comité ne s'est réuni que le 12 octobre, ainsi qu'on va le voir.

Gamard partit avec le mandat de s'aboucher avec le secrétaire de la Fédération des mécaniciens pour assurer la grève sur tout le réseau et demander en même temps une entrevue au directeur de la Compagnie.

Enfin, une réunion fut arrêtée pour le lendemain 10 octobre.

Cette réunion eut lieu à la Bourse du Travail, à neuf heures du soir. Lemoine, Fiolet, Toffin et Ludihuser y annoncèrent la grève aux cheminots parisiens qui, dans un immense enthousiasme, acclamèrent l'ordre du jour suivant :

ORDRE DU JOUR

Les agents de l'exploitation, du matériel et de la traction, voies et travaux, de la région parisienne, salariés de la Compagnie du Nord, réunis à la Bourse du travail, salle des Grèves, le 10 octobre 1910;

Après avoir entendu les explications des militants du groupe Paris-Nord sur la situation faite par la grève des dépôts de la Chapelle et de la Plaine;

Après les démarches faites auprès des sections les plus importantes du Syndicat national et de la Fédération des mécaniciens et chauffeurs, dans la journée du dimanche 9 octobre;

Après le compte rendu de la décision prise en assemblée des secrétaires des groupes du réseau Nord le 11 septembre.

L'assemblée reconnaît que toutes les démarches utiles, toutes de conciliation, faites depuis fort longtemps tant près des chefs de service qu'auprès de la haute direction par le Syndicat National et la Fédération des mécaniciens et chauffeurs sur le réseau du Nord, n'ont apporté à la situation morale et matérielle des employés aucune amélioration;

Egalement, l'assemblée reconnaît la force d'inertie des pouvoirs publics constitués en ce qui concerne les revendications suivantes:

1° Augmentation générale du salaire pour tout le personnel, afin de combattre la cherté des vivres, dont souffrent indistinctement tous les travailleurs;

2° Effet rétroactif de la loi des retraites du 11 juillet 1909;

3° Réglementation du travail;

4° Application du repos hebdomadaire dont sont privés encore bon nombre d'agents;

5° Commissionnement au mois, de tout le personnel, avec un minimum annuel de 1.850 francs pour les manœuvres et emplois similaires.

Après la grève de Tergnier, les incidents de Calais, suivis de la révocation injuste du secrétaire de ce groupe, et à l'heure présente, la grève des dépôts de la Chapelle et de la Plaine, l'assemblée estime que les cheminots du Nord ne peuvent attendre plus longtemps et déclare la grève immédiatement pour Paris, avec la volonté bien arrêtée de ne rentrer qu'après satisfaction complète, sans révocation, et avec les journées de grève payées;

Ils feront la grève à outrance, même si le comité central de grève du Syndicat National et de la Fédération générale estimait nécessaire de localiser la grève sur le réseau Nord;

Dans ce cas, l'assemblée déclare qu'ayant la volonté de vaincre, ils obtiendront satisfaction. Malgré cela, ils recommenceront la lutte sur l'ordre du comité central de grève pour un mouvement de grève générale sur tous les réseaux;

Ils s'engagent à faire grève le plus calmement possible et à dédaigner toutes les provocations gouvernementales et patronales. Mais ils déclarent d'avance qu'ils defuseront d'obtempérer à l'ordre de mobilisation des employés techniques des chemins de fer que pour le transport des troupes, du matériel et des subsistances de guerre

LE COMITÉ DE GRÈVE.

La veille (dimanche 9 octobre), le Comité de réseau de l'Est, réuni à Reims, ignorant les événements que je viens de retracer, mandatait ses délégués pour la réunion du Comité de grève, qui devait avoir lieu les 15 et 16 octobre.

Egalement ignorant des événements, le Comité de réseau du P.-L.-M., réuni à Lyon le même jour, prenait une mesure semblable à celle de l'Est et, sur 44 votants, décidait par 36 voix le principe de la grève à l'heure fixée par le Comité central nommé à cet effet.

Enfin, le réseau du Midi, réuni en Congrès à Bordeaux, les 9 et 10 octobre, n'était pas averti de la grève décidée par le Nord. Le secrétaire du Syndical National, Bidegarray, et deux administrateurs parisiens, Leguen et Arnould, assistaient à ce Congrès.

Le mardi 11 octobre, les sections en grève font apposer une affiche et distribuer une circulaire préparées par le Comité central de grève et dont voici la teneur :

LA PREMIERE AFFICHE

Syndicat national des Travailleurs des Chemins de fer de France et des Colonies

Fédération nationale des Groupements de Mécaniciens et Chauffeurs de France et des Colonies.

—o—

POURQUOI LES CHEMINOTS FONT GREVE !

Les Cheminots font grève parce que, légalement, c'est leur droit; parce que, las des promesses toujours renouvelées, mais jamais tenues, ils constatent que, Compagnies et Gouvernement se liguant contre eux, ils ne peuvent plus compter que sur leurs propres efforts pour améliorer leurs conditions de travail et de salaires.

Au moment où un conflit si gigantesque et si grave se déchaîne, les Cheminots tiennent à préciser les responsabilités de chacun. Ils disent :

Aux Gouvernants !

Vous êtes les véritables responsables, parce que, après nous avoir encensés, après avoir reconnu, devant nous, la légitimité de nos revendications, vanté notre patience et notre modération, vous n'avez rien fait pour amener nos dirigeants à céder.

La Chambre avait déclaré qu'elle entendait donner à l'article 9 de la loi sur nos retraites le sens de la rétroactivité. Vous n'avez rien fait pour sanctionner ce vote.

Vous pouviez faire pression sur les Compagnies pour les obliger à discuter avec le Syndicat national, qui représente plus de **100.000 syndiqués:**

Vous ne l'avez pas fait !

Vous pouviez, si vous n'osiez prendre une initiative, demander au Parlement les pouvoirs nécessaires :

Vous ne l'avez pas fait !

Vous pouviez invoquer, contre les Compagnies, **l'intérêt public :**

Vous ne l'avez pas fait !

Vous pouviez menacer les Compagnies de faire

appliquer rigoureusement par le Contrôle les lois et décrets régissant les Chemins de fer :

Vous ne l'avez pas fait !

Au contraire, vous vous êtes dressés contre nous; vous avez parlé de mobilisation, abdiquant vos pouvoirs entre les mains des Compagnies dont vous vous êtes faits les valets.

Toujours le gouvernement est resté le prisonnier des puissances financières de la voie ferrée.

En 1883, le gouvernement faisait voter les conventions scandaleuses qui permettent aux Compagnies de chemins de fer de payer des dividentes à des gens dont le capital est cependant remboursé.

Pendant onze ans, jusqu'en 1909, sous les suggestions des Compagnies, vous avez étouffé la loi Berteaux-Rabier-Jaurès. Au moment de la faire voter, vous l'avez amputée des clauses les plus favorables au personnel.

Vous nous avez exclus de la loi du repos hebdomadaire.

Mais, en revanche, vous faisiez cadeau, en 1909, de **cinq cent millions** aux actionnaires de l'Ouest, au détriment de l'Etat.

Tant qu'il s'est agi de l'intérêt des « gros », vous vous êtes largement dépensés.

Quant aux « petits », ils n'ont jamais rien obtenu.

Eh bien, les cheminots sont, aujourd'hui écœurés. Ils ont assez de phrases creuses: **Ils veulent du pain et sont décidés à prendre ce qu'on leur refuse.**

Vous êtes donc, autant que les Compagnies, **responsables** du conflit actuel et cela d'autant plus que certains d'entre vous ont été nos éducateurs et ont mis, jadis, en lumière les tares de la société actuelle.

A la Bourgeoisie !

Nous disons : Nous sommes las de travailler pour des salaires de famine; de nous faire broyer entre les tampons.

Nous voulons des journées de travail moins longues, moins pénibles;

Nous voulons des salaires meilleurs.

Par notre travail, nous aidons, chaque jour, à l'édification de vos fortunes. Nous sommes des rouages indispensables, pour vous. Et vous ne semblez pas vous émouvoir de votre situation misérable.

Vous avez votre responsabilité dans la grève actuelle, parce que vous n'avez pas su faire comprendre à vos représentants au pouvoir qu'une ère de plus de justice et d'équité était devenue indispensable.

Aux ouvriers ! Aux employés !

Nous disons à tous les travailleurs des autres corporations qu'ils doivent nous aider dans la lutte présente.

Beaucoup se trouveront ennuyés, lésés par notre grève; mais ils doivent songer que nous sommes pour eux des frères de misère, qui luttons pour conquérir un peu de mieux-être.

Nous aussi, nous en avons assez de rester courbés sous le joug des rois du rail; nous voulons clamer notre désir d'émancipation,notre bonne volonté de faire rémunérer notre travail en proportion de nos efforts et des bénéfices réalisés par les parasites que sont les actionnaires.

Travailleurs de toutes catégories,

Nous sommes convaincus que vous nous comprenez et que nous avons toute votre sympathie.

Le Comité Central de Grève.

LA CIRCULAIRE DE GREVE

Aux Cheminots syndiqués ou non syndiqués.

Lève la tête, cheminot. Assez de récriminations contre ton malheureux sort. Le Syndicat est fort. Le Syndicat est prêt.

Tes maîtres, les actionnaires, ne veulent pas te donner ton dû qui te permettrait, toi et les tiens, de vivre convenablement. PRENDS-LE.

Arrache à la cupidité de tes maîtres ton augmentation de salaire, ton repos hebdomadaire, si tu ne l'as pas, la rétroactivité pour la retraite, surtout si tu es vieux en service, la réduction des heures de travail, plus d'hygiène, plus de sécurité dans le travail, en un mot, conquiers par ta vitalité plus de mieux-être.

Tous les moyens pacifiques ont été employés; les Compagnies sont intransigeantes. Nos gouvernants font emprisonner et blesser les plus énergiques d'entre nous, qui réclament, dans la rue, un salaire meilleur et plus de justice.

N'aie pas peur. Ne sois pas hésitant. N'écoute pas, s'il s'en trouve, les trembleurs, les jaunes qui pourraient faire appel à la lâcheté.

SOIS UN HOMME !

Dis-toi bien, et ta conscience le crie en toi, que tu as le devoir de faire le geste nécessaire pour que les tiens ne souffrent pas cruellement et pour toute la vie, de la misère.

Sois courageux, fais grève, la victoire t'apportera la douce joie du devoir accompli.

Tu feras grève, car tu as confiance en ceux qui la dirigent; car ce sont des travailleurs comme toi.

Si tous suivent nos conseils, nous triompherons, ce qui nous permettra d'imposer aux Compagnies qu'elles paient les salaires des jours de grève.

Par la cessation du travail, nous imposerons notre cahier de revendications, nous démontrerons notre force et inspirerons, dans l'avenir, aux Compagnies, une crainte telle que nous pouvons affirmer que les nouvelles revendications que nous pourrons présenter ultérieurement seront solutionnées plus rapidement.

Camarade, fais ton devoir; ne pas le faire serait, en la circonstance, commettre un crime envers tous ceux qui te sont chers et envers tes camarades.

LE COMITÉ CENTRAL DE GRÈVE.

Dans la soirée du 11 octobre, se tint une réunion des employés parisiens de l'Ouest-Etat, organisée par Renault, qui fit voter la grève, appuyé par Le Guennic et Blanchard. Celui-ci est accusé de s'être fait porter malade. Levier, de la Fédération des mécaniciens, fit voter la grève par ceux-ci en manière de protestation contre la révocation de leur président, Toffin, prononcée le jour même par la Compagnie du Nord. Après la réunion, Le Guennic s'en fut au groupe Paris-Est pour y déterminer la grève, mais il ne put y réussir.

Pendant ce temps, la Commission exécutive du

Conseil d'administration du Syndicat National et le Comité exécutif de grève étaient réunis à la demande qu'en avait faite Challaix et Le Guennic. Devait-il déclarer la grève générale immédiate ou attendre la décision de la réunion plénière convoquée pour le 15 octobre ? Tel fut l'objet de la délibération. L'entente s'était faite pour ajourner de 24 ou 48 heures la décision lorsque, vers minuit, survinrent Le Guennic, Renault et quelques militants, qui annoncèrent avec une satisfaction non dissimulée que le mouvement était déclanché. Le Guennic le signifia brutalement : « L'heure n'est plus aux parlottes ; le fait est accompli ; j'ai fait voter la grève sur tous les réseaux par tous les groupes parisiens ; il faut agir et déclarer la grève générale ! »

Lemoîne, sentant la responsabilité qu'il encourt et voyant perdus tous les préparatifs de grève générale faits par le Comité, reproche véhémentement à Le Guennic son attitude. Il en pleure de rage. Mais Renault, Le Guennic et un autre anarchiste, Basly — accusé, lui aussi, d'avoir demandé un congé et qui n'a pas fait grève — parlent en faveur de la grève générale, qui est décidée après que les délégués de l'Est eurent fait les plus expresses réserves au nom de leur réseau.

Le Guennic demande l'envoi à l'*Humanité* de l'ordre du jour ci-après :

Ordre du Jour

Le Syndicat National des travailleurs des chemins de fer de France et des Colonies porte à la connaissance des cheminots de tous les réseaux que la grève est complète sur le réseau du Nord.

Il leur fait savoir aussi que depuis ce moment le camarade Toffin, président de la Fédération, a été révoqué, que le gouvernement a communiqué à la presse des notes qui constituent des menaces d'arbitraire et d'illégalité à l'encontre des travailleurs des chemins de fer réclamant leurs droits.

En présence de cette situation, le Syndicat National décide de faire appel à tous les réseaux pour réaliser immédiatement la grève générale.

En conséquence, tous les réseaux sont invités à mettre à exécution, dans le plus bref délai et aussitôt que cette communication leur parviendra, les mesures indispensables à la réussite du mouvement.

Pour le Comité central de grève et par ordre : le *Secrétaire*, Albert LEMOINE. — Le *Président de la Fédération des mécaniciens et chauffeurs* : TOFFIN.

En sortant de la réunion, les militants se rendent dans les sections syndicales de Paris, organiser le mouvement ; aucun d'eux ne prévient les membres du Conseil d'administration et du Comité central de grève résidant en province, dont la présence aurait pu modifier complètement le résultat des délibérations prises à la hâte par une assemblée irrégulièrement constituée.

Quoiqu'il en soit, la partie est engagée, et si déplorables pour les cheminots que soient les conditions où la bataille se dessine, les amis de la *Guerre Sociale* triomphent d'avoir entraîné les organisations avant l'heure que celles-ci devaient choisir.

La grève est générale à minuit, le 11 octobre, sur le Nord.

Le 12, dès 6 heures du matin, le groupe Paris P.-L.-M. est invité par son secrétaire, Communay, à prendre part au mouvement. Communay, dont la bonne foi a été surprise, annonce que la Fédération Internationale des Transports a mis cinq cent mille francs à la disposition des cheminots français — ce qui était faux — et qu'il a reçu du Comité central de grève 8.000 francs pour les grévistes du P.-L.-M. Le principe de la grève est voté, sans grand enthousiasme d'ailleurs, et les ordres de grève sont immédiatement lancés sur tout le réseau.

A la même heure, le groupe Paris-Est décidait la cessation du travail. Les groupes de Noisy et de Pantin prenaient une décision semblable et le travail fut interrompu.

Dans l'après-midi plus de 10.000 cheminots parisiens assistent aux trois meetings organisés à la Bourse du Travail et acclament la grève. Dans la soirée, les syndiqués de Paris-Orléans votent la grève. De son côté, le Comité de réseau de l'Est était réuni à Paris. Son secrétaire, Leleuch, qui n'avait été averti de la grève qu'à 2 heures du matin le même jour, à Amagne, où un membre de la section Paris-Est était venu le prévenir, était accouru à Paris. Prévenu moi-même par l'*Humanité*, au sortir de l'atelier, à Epernay, je m'étais mis en communication téléphonique avec lui et nous avions voyagé ensemble de Reims à Paris. En route, nous avions envisagé la situation créée par l'indiscipline du réseau Nord, parti en grève avant les autres. Nous ignorions encore que d'autres réseaux avaient suivi le mouvement et nous étions bien décidés à localiser la grève, afin de permettre à l'ensemble des forces syndicales d'attendre son heure pour agir. Nous avions compté sans la néfaste influence de la *Guerre Sociale* sur un certain nombre de cheminots parisiens. En arrivant à Paris, nous apprîmes l'étendue du mouvement et, de suite, nous avons eu l'impression qu'en raison du défaut d'entente, un flottement allait se produire dans les troupes conduites par le Syndicat, flottement qui allait être fatal à la grève.

C'est cette impression que j'ai traduite à Renault, présent à la permanence de l'Est au moment où Leleuch et moi y arrivions. A mes reproches véhéments de n'avoir pas attendu la réunion du Comité central de grève, qui devait être tenue le 15 octobre, Renault me répondit narquoisement que si cette réunion avait eu lieu la grève n'aurait pas été faite.

Il fallait donc, à tout prix, même au risque d'un désastre, que cette grève éclatât? Pourquoi? Mystère !

Au siège du Syndicat National, dans l'après-midi, Lemoine et deux autres membres du Comité central de grève sont seuls présents. Albert Thomas, député socialiste de Paris et rédacteur à l'*Humanité*, est là. Nous lui confions nos inquiétudes. Il manque à la grève, engagée en violation de la discipline syndicale, une direction, un homme, un chef. Leleuch dit son hésitation à engager l'Est dans une aventure déplorablement commencée et exprime son désir d'avoir, sur l'opportunité de se joindre à la grève, l'avis d'un homme autorisé. Albert Thomas offre de le conduire auprès de Jaurès ; il accepte et nous partons. Chemin faisant, le député socialiste nous donne d'excellentes raisons en faveur de la grève, à laquelle le réseau de l'Est était tenu d'adhérer par solidarité, l'appui de ce réseau devant d'ailleurs déterminer la victoire.

A Jaurès, nous disons nos appréhensions, nous indiquons les forces réelles du Syndicat sur les divers réseaux, l'état d'esprit qui y régnait, et nous concluons que, par suite du flottement produit dans le début de la grève, le succès de celle-ci nous paraissait fort compromis. Le député de Carmaux nous répond tout d'abord qu'il est fort mal placé pour nous donner des conseils, mais que nous serions nous-mêmes bien plus mal placés dans le syndicalisme si le réseau Est ne donnait pas sa preuve de solidarité dans la grande bataille engagée. J'objecte que l'Est eût certainement été au premier rang si cette bataille avait été régulièrement engagée, mais que l'indiscipline du réseau Nord nous permettait de songer à l'organisation que nous avions eu tant de difficultés à constituer ; qu'au surplus, la grève localisée au Nord donnerait tous ses résultats, parce que générale, et serait un grave avertissement pour le Gouvernement et les Compagnies. Jaurès est d'avis que ce morcellement de la grève aurait presque certainement un fâcheux effet et, à Leleuch qui exprime ses craintes de voir succomber de nombreuses victimes dans le conflit, il répond : « Qu'importent les victimes dans une bataille dont les causes sont aussi justes que celles des cheminots ! » A ce moment entre Pierre Renaudel, administrateur de l'*Humanité*, qui abonde dans le même sens que Jaurès et Albert Thomas.

Résignés à la grève, Leleuch et moi arrivons à la réunion du Comité de réseau de l'Est, où assistent des membres de la Fédération des mécaniciens et chauffeurs de ce réseau. Nous rédigeons les ordres de grève, les uns à porter par les membres présents rentrant dans leurs groupes, les autres, plus nombreux, remis aux camarades Rousseau, Arnould et Cabannes qui, par automobiles, devaient les porter aux intéressés. Arnould fut arrêté par la gendarmerie à Epernay, jeté en prison et mensuré comme un criminel. Rousseau fut arrêté à Verdun et Cabannes à Chaumont. Par suite, un très grand nombre de groupes ne furent pas touchés par l'ordre de grève.

Au siège du Syndicat National, le Comité central de grève était réuni et discutait la question du remplacement de ses membres, dont on prévoyait l'arrestation imminente.

Le second Comité de grève fut désigné à raison de un membre par réseau pour le Syndicat National et de trois représentants de la Fédération des mécaniciens et chauffeurs.

Communay fut nommé secrétaire de ce Comité et moi-même trésorier.

Invité à en faire partie, l'anarchiste Bidamant déclina la responsabilité sous prétexte qu'il serait plus utile dans les réunions publiques pour entraîner la foule. Par contre, les « modérés » Marchal, Jouanneaux et Fenot acceptèrent la mission difficile qui leur était confiée de diriger un mouvement suscité malgré eux. Bidamant ne manqua pas, d'ailleurs, de prendre part à toutes les réunions du Comité et de donner son adhésion à toutes les décisions qui y furent prises.

Le premier Comité de grève devait être arrêté comme il l'avait prévu; mais, à l'instigation d'un rédacteur de la *Guerre Sociale*, une mise en scène fut organisée pour cette arrestation. Ce fut un rédacteur du journal anarchiste, Perceau, qui amena ses amis Le Guennic et Bidamant à se livrer à la police dans les bureaux de l'*Humanité*, avec tous les membres du Comité de grève. La note suivante parut dans le journal socialiste :

1° Le Comité de grève décide que les camarades menacés d'arrestation se tiendront, le 13 octobre 1910, à la disposition de M. Briand, dès l'heure légale des arrestations, dans les locaux de l' « Humanité ».

2° le Comité de grève prévient les cheminots que toutes les dispositions sont prises pour assurer la direction de la grève par le remplacement des camarades arrêtés si M. Briand donne suite à ses projets.

3° Le Comité de grève se félicite de constater que sur tous les réseaux son appel a été entendu.

A tous les cheminots, à tous les serfs de la voie ferrée, nous crions : Courage, nous serons vainqueurs. De notre fermeté dépend notre avenir. Vive la grève.

Pour le Comité de grève :

Le Secrétaire : LEMOINE.

Comme l'indiquait cette note, le Comité de grève et les militants grévistes qui se croyaient menacés d'arrestation se rendirent dans les bureaux de l'*Humanité*. Mais l'anarchiste Le Guennic, qui avait accepté, la veille, l'hospitalité de ce journal, avait changé d'avis. Dès son arrivée, il se livra à de grossières attaques des politiciens ses hôtes et il invita les grévistes à se rendre au siège de la C. G. T., seul lieu convenable à leur arrestation. La discussion s'était engagée sur ce sujet, lorsque les policiers mirent tout le monde d'accord en arrivant. Lemoine, Renault, Brandouy, Le Guennic et Toffin furent emmenés par la police. Les autres militants regagnèrent le siège du Syndicat National, où le second Comité central de grève entra définitivement en fonctions.

LE SECOND COMITE CENTRAL DE GREVE

Comme trésorier de ce Comité, je reçus pour tous fonds une centaine de francs. L'avoir du Syndicat National, une trentaine de mille francs, avait été emporte, en même temps que les ordres de grève, pour être réparti entre les principaux groupes. Ce fut une grave faute dont le second Comité de grève ressentit toutes les conséquences. Sans argent, il ne put agir. Son premier acte fut de demander à l'*Humanité* d'ouvrir une souscription pour les grévistes dans ses colonnes. Le second de s'adresser à la C. G. T., qui avait d'ailleurs offert son concours par une lettre reçue la veille.

Des orateurs sont désignés pour se rendre au manège Saint-Paul, où un meeting a été organisé ; des communiqués sont rédigés pour la presse et une affiche est lancée, dont voici le texte :

Aux Cheminots

Le gouvernement complètement débordé par le mouvement gigantesque que ses maladresses jointes à celles des Compagnies ont déchaînées, vient d'accomplir un coup de force inqualifiable.

Il vient de faire arrêter cinq de nos meilleurs militants : Le Guennic, Lemoine, Brandouy, Renault, du Syndicat National, et Toffin, de la Fédération des mécaniciens.

Un mandat d'amener a été également lancé contre Bidegaray.

Le Syndicat national et la Fédération des mécaniciens ne sont nullement étonnés de cet acte d'un gouvernement qui, depuis longtemps, est jugé par la classe ouvrière.

Les deux organisations, en portant ces faits à la connaissance de tous les cheminots, tiennent à affirmer bien haut que toutes leurs précautions sont prises depuis longtemps pour remplacer les militants ararchés à notre mouvement.

Plus que jamais elles restent persuadées que la victoire ne peut leur échapper et que l'acte imbécile d'un gouvernement affolé sera l'occasion d'un nouvel élan.

Ce soir, la grève générale sera un fait accompli. Rien ne l'arrêtera. Les grévistes ont pleine confiance dans ceux qui dirigent actuellement le mouvement et ils peuvent être assurés que les membres qui restent à la tête du comité de grève seront à la hauteur de leur tâche.

Camarades cheminots, restons tous dressés en face de l'oppression gouvernementale et patronale. Rien ne peut plus entamer notre bloc. Demain nos efforts seront couronnés d esuccès par l'obtention des revendications formulées par notre organisation.

LE COMITE DE GREVE.

Les nouvelles de la province arrivent.

Sur l'Est, la grève est sérieuse dans les Ardennes et le bassin de Longwy, mais par suite de l'arrestation des envoyés du Comité central, l'ordre de grève ne touche pas les autres centres.

Sur l'Orléans, 600 cartes de grève ont été retirées à Paris. A Orléans, les mécaniciens n'ont pas bougé, attendant, disent-ils, l'ordre de grève de leur Fédération. A Juvisy, le mouvement est indécis. Le secrétaire du groupe, partisan acharné de la grève, jette un cri d'alarme.

Sur le P.-L.-M., 165 mécaniciens et chauffeurs de Paris ont retiré leurs cartes de grève et de nombreux trains sont supprimés. La grève est votée à Villeneuve-Saint-Georges, Corbeil, La Roche, Mâcon, Lyon et Genève, mais elle n'est que partielle, et à Villeneuve et à La Roche, le vote n'est pas observé.

Sur le Midi, on commence à connaître le mouvement ; la grève est votée à Bordeaux et à Bayonne.

Sur l'Ouest-Etat et le Nord, l'arrêt est complet.

Toute la presse parisienne, à l'exception de l'*Humanité*, observe le silence le plus absolu sur la grève en province. Le 1er Comité de grève avait, en effet, décidé de ne donner aucune communication à la presse bourgeoise. Seule, l'*Humanité* était renseignée, ce qui n'était pas suffisant pour tenir le public (et les cheminots en particulier) au courant du mouvement. Par contre, la presse insère chaque jour une longue liste d'actes de sabotage attribués aux grévistes. D'autre part, le gouvernement, qui l'inspire, lui fait dire que les cheminots n'ont jamais formulé de revendications précises. Pour répondre à cette injuste critique, le Comité de grève fait tenir aux journaux une note rappelant que les diverses revendications des cheminots consistent à obtenir des compagnies et du réseau Etat :

« 1° La fixation à 1.850 francs minimum de salaires, de début, et une échelle progressive des traitements, ainsi que la mise au mois de tous les agents.

2° La revision de la loi des retraites de 1909, dans le sens de la rétroactivité, ainsi que l'introduction dans les règlements des caisses de retraites des diverses Compagnies des modification déposées entre les mains du Ministre des travaux publics.

3° La réglementation du travail selon les conditions exposées et définies par trois Congrès nationaux successifs et communiquée au ministre des Travaux publics.

4° La reconnaissance officielle, et non plus officieuse, du Syndicat National et de la Fédération des mécaniciens et chauffeurs, en attendant que ces deux organisations fusionnent entre elles.

Les circonstances présentes et leurs conséquences obligent désormais les cheminots à y joindre deux autres questions :

1° Aucune révocation ne pourra être prononcée pour faits de la grève actuelle pendant un délai de dix ans;

2° Tous les militants arrêtés devront être relâchés et aucune poursuite ne pourra être dirigée contre eux. »

La Fédération internationale des transports, dont le concours pécuniaire avaité été sollicité, répond qu'elle ne peut secourir les cheminots français. Heureusement, le Syndicat National du gaz et celui des P. T. T. apportent : le premier, mille francs en espèces, et le second, une valeur de cinq mille francs. Le Comité de grève put ainsi régler les dépenses d'automobiles, s'élevant à 1.250 francs. Ses membres durent parfaire cette somme avec leur argent personnel, la souscription des P. T. T. ne pouvant être réalisée que le lendemain.

Le vendredi 14 octobre, réuni dès le matin, le Comité de grève constate que la presse parisienne non seulement ne fait pas connaître à ses lecteurs la véritable portée du mouvement en province mais commence à donner de fausses nouvelles annonçant des reprises partielles du travail. Seul, le journal l'*Humanité* parle des grévistes et de la grève. Ce journal est le moniteur officieux du Comité de grève qui lui réserve le monopole de ses informations particulières. Quant à la *Guerre Sociale*, elle détourne des grévistes la sympathie de l'opinion publique par ses appels au sabotage.

Le communiqué suivant est cependant envoyé à la presse:

Les derniers renseignements parvenus au Comité dans la soirée du 14 octobre sont les suivants :

Continuation du mouvement sur les réseaux Nord et Ouest-Etat, Progression sur les réseaux Est, P.-L.-M., P.-O., et les Ceintures. L'arrêt a commencé hier dans la soirée sur le réseau du Midi.

Devant l'extension manifeste du mouvement sur les réseaux, le Comité invite les cheminots en grève, à ne pas se laisser influencer par les nouvelles tendancieuses répandues à profusion par la presse capitaliste, ayant pour but de démoraliser les camarades grévistes.

Cette manœuvre n'a pas réussi. Les cheminots ont continué d'avoir confiance dans leurs propres forces.

De tous côtés leur parviennent des appuis moraux et financiers qui leur permettent jusqu'à victoire complète de continuer leur beau mouvement.

Comme le Comité le disait dans son précédent communiqué, la victoire est sur le point d'être obtenue.

Que les cheminots ne se laissent pas surprendre. Aucun d'entre euxx ne doit reprendre le travail tant que le Comité n'en aura pas donné l'ordre.

Celui-ci comme cela a déjà été dit plusieurs fois, paraîtra dans l'*Humanité*, à sa tribune.

D'autre part, le second Comité décide de rappeler au président du Conseil des ministres la lettre qui lui avait été envoyée le 13 octobre par le premier Comité de grève. Ci-après ces documents :

Paris le 13 Octobre 1910.

Monsieur le Président du Conseil,

Le 28 mai 1910, nous vous avisions que nous avions écrit aux Compagnies de chemins de fer et nous vous demandions d'user de votre haute autorité auprès des différentes Compagnies pour qu'une réponse favorable soit donnée à notre demande d'entrevue.

Le 20 septembre, nous vous demandions à connaître la réponse à notre lettre. Vous avez officiellement communiqué à une délégation de nos comités de réseau le refus opposé par les Compagnies à notre demande.

Depuis, et par suite d'incidents où les employés des chemins de fer ne se reconnaissent point de responsabilité, la grève de tous les réseaux a été déclarée.

PENDANT LA GREVE, comme avant, au moment même où sur tous les réseaux les employés ont affirmé sans conteste leur commune solidarité, avec l'inébranlable volonté d'obtenir satisfaction, NOUS VENONS VOUS DIRE QUE NOUS SOMMES TOUJOURS A VOTRE DISPOSITION ET A CELLE DES COMPAGNIES POUR UNE ENTREVUE GENERALE.

Veuillez agréer, Monsieur le Président du Conseil, l'assurance de notre profond attachement à l'intérêt public.

Le Secrétaire du Comité de Grève,
A. LEMOINE.

Paris, le 14 Octobre 1910.

Monsieur le Président du Conseil,

Hier, 13 octobre, à 11 heures, nous avons eu l'honneur de remettre au ministère de l'intérieur une lettre précisant les intentions des travailleurs de la voie ferrée.

Aujourd'hui, 14 octobre, à 11 heures, nous n'avons pas encore la lettre de réponse que nous étions en droit d'attendre.

Estimant que chaque heure qui passe aggrave les responsabilités et lèse plus gravement les intérêts du public, nous venons vous demander, monsieur le président du conseil, de nous faire connaître vos intentions.

Veuillez agréer, monsieur le président du conseil, l'expression de nos sentiments les plus distingués.

Pour le comité de grève et par ordre,
GRANVALLET.

Le délégué du groupe Paris-Nord, Ludihuser, vient demander le concours d'avocats qui seraient chargés d'expliquer aux grévistes qu'ils n'encourent aucune responsabilité grave en ne répondant pas à l'ordre de mobilisation. Bidamant prend part à la discussion engagée à ce sujet et propose d'aller lui-même à la permanence des députés socialistes, au Palais-Bourbon, pour solliciter le concours des élus avocats. Cette proposition est adoptée.

Le secrétaire de M. Georges Berry se présente, au nom du député, pour demander au Comité de grève de s'aboucher avec le groupe des députés de la Seine. La demande est rejetée.

Dans l'après-midi, Jouhaux, scrétaire de la C. G. T., vient rendre visite au Comité de grève, qui le consulte. Il déclare ne pas vouloir donner de conseils, mais ne cache pas qu'il serait d'avis que les grévistes entrent en pourparlers avec le Gouvernement.

Voici les nouvelles reçues dans la journée :

Sur l'Est, arrestation de Bonnet et du secrétaire du groupe de Troyes, qui sont relâchés dans la journée ; arrêt complet dans les Ardennes et le bassin de Longwy ; à Epernay, les ingénieurs vont prendre les ouvriers par le bras pour les conduire à l'atelier ; à Reims, le dépôt cesse le travail ; à Revigny, le secrétaire du groupe est arrêté.

Sur la Ceinture, la grève est presque générale.

Sur le Nord, les 6.000 cheminots de Lille sont entrés dans le mouvement et la grève s'étend ainsi à tout le réseau.

Sur l'Ouest-Etat, arrêt complet à Paris, dans la banlieue, à Dreux et à Chartres ; partiel à Caen. Dans cette ville, arrestation de Descoms ; à Lorient, arrestation de Moreau.

Sur le P.-L.-M., la grève est assez étendue à

Marseille et à Lyon, mais les trains partent de Paris.

Sur l'Orléans, magnifique réunion à Périgueux par Chavert, qui est arrêté ; néanmoins, pas de grève.

Sur le Midi, le travail a cessé à Toulouse, Tarbes et Bordeaux.

En résumé, le mouvement commence à se dessiner en province, où il a été provoqué tardivement.

Par contre, des signes de fatigue se manifestent à Paris. Toute la journée, le Comité central de grève est harcelé par des militants venant demander des orateurs pour leurs réunions et qui témoignent de leurs inquiétudes.

Le samedi 15 octobre, le chef du Gouvernement répond à nos lettres par un communiqué à la presse faisant savoir qu'il refuse de discuter avec des « insoumis ». Le Comité de grève décide l'envoi d'une troisième lettre, dont ci-après le texte :

Paris, le 15 octobre 1910.

Monsieur le Président du Conseil,

Nous avons eu connaissance que dans l'entrevue que vous avez eue avec les députés de la Seine vous avez déclaré que vous étiez prêt à engager les pourparlers avec les deux organisations nationales des chemins de fer, le Syndicat national et la Fédération.

Nous ne voulons pas nous arrêter au refus que vous opposez à une discussion avec le Comité de grève. Nous vous signalerons seulement qu'il ne vous est plus possible de trouver pour discuter avec vous un seul des nôtres qui ne soit militarisé.

Nous ne voulons pas nous arrêter davantage au refus de discuter avec des hommes qui sont en prison. Nous vous signalerons seulement que si Lemoine, le secrétaire du Comité degrève, est à l'heure actuelle arrêté, Bidegaray, secrétaire du Syndicat National, Toffin, secrétaire de la Fédération, le sont aussi et qu'à s'en tenir aux termes de votre communiqué, toute conversation resterait impossible.

L'opinion publique ne comprendrait pas que nous nous arrêtions à des subtilités de procédure. Nous avons au cours du conflit constamment prouvé que nous avions souci de ce que nous devions à l'intérêt public. C'est à lui que nous voulons faire encore cette suprême concession.

Aussi bien nous enregistrons que les pourparlers s'engageront entre les Compagnies et les représentants de nos organisations nationales avec lesquelles les gouvernements successifs ont toujours eu coutume de converser.

C'est pour nous une précieuse certitude de sauvegarde à la fois pour l'action de ces organisations dans l'avenir et pour l'intérêt des travailleurs des chemins de fer.

Voilà pourquoi, Monsieur le Président du Conseil, vous trouverez au bas de notre lettre la signature de deux de nos camarades agissant, l'un au nom du Syndicat national, l'autre au nom de la Fédération.

Ainsi donc, Monsieur le Président du Conseil, le Syndicat national et la Fédération vous avisent qu'ils sont toujours prets à discuter avec vous et les Compagnies les intérêts des travailleurs des chemins de fer.

Veuillez agréer, Monsieur le Président du Conseil, l'assurance de nos sentiments les plus distingués.

Pour la Fédération :
Pour le Secrétaire
momentanément empêché:
MORIN.

Pour le Syndicat National :
Pour le Secrétaire
momentanément empêché :
COMMUNAY.

La grève se généralise de plus en plus en province. La mobilisation ne produit aucún effet sérieux. 45.000 cartes de mobilisation sont renvoyées au président du Conseil enveloppées dans un papier jaune sur lequel est inscrit : papier sans valeur.

Les arrestations et perquisitions se multiplient.

A Paris, les signes de fatigue manifestés la

veille s'accentuent. Ludihuser annonce que les ouvriers des ateliers du Nord commencent à rentrer. Le Comité de grève s'épuise à remonter le courage des militants qui, de tous côtés, apportent des nouvelles. Vers 5 heures du soir, Jouhaux arrive. Le secrétaire de la C. G. T. a compris, lui aussi, que les grévistes parisiens commencent à fléchir. Il dit être partisan de la cessation de la grève.

Diverses corporations parisiennes se joignent au mouvement des cheminots. Les maçons ont cessé le travail ; les électriciens ont voté la grève ; les agents du Métropolitain annoncent leur entrée dans la lutte.

La C. G. T. lance un numéro spécial de la *Voix du Peuple* en faveur des cheminots.

Le groupe parlementaire des chemins de fer envoie une délégation à M. Briand pour lui demander d'entrer en négociations avec le Comité de grève. Le Gouvernement lui répond qu'il considère la grève comme terminée, qu'au surplus, il attend encore de connaître les revendications des grévistes et il insiste particulièrement sur les actes de sabotage pratiqués sur les voies ferrées, tout en reconnaissant qu'ils ne sont pas attribuables à des cheminots.

M. Briand, en considérant la grève comme terminée, faisait évidemment allusion au fléchissement qui se produisait à Paris, sauf à Paris-Saint-Lazare-Batignolles. Néanmoins, en réalité, les rentrées étaient fort peu nombreuses.

Par contre, aucune défection n'a lieu en province, où la grève gagne de nouveaux centres. Sur le Midi, elle se généralise rapidement.

Voici le communiqué du Comité de grève :

A la date du 15 octobre, 11 heures du soir, la situation du mouvement de grève est toujours générale sur l'Ouest-Etat et le Nord et continue progressivement de s'étendre sur tous les autres réseaux, P.-L.-M., Est, P.-O., le Midi et les Ceintures.

L'entrain se maintient dans tous les groupes parisiens et c'est au nombre de plusieurs milliers que les camarades se rendent journellement au meeting de la Bourse du travail.

En province il en est de même et c'est d'une façon unanime que les cheminots acclament la continuation de la grève jusqu'à ce qu'ils aient obtenu pleine et entière satisfaction.

Les appuis financiers leur viennent de tous côtés, ce qui leur permettra de tenir le mouvement aussi longtemps que cela sera nécessaire.

Pour le Comité central de grève,
Le Secrétaire : R. COMMUNAY.

D'autre part, la Fédération des mécaniciens de l'Orléans lance l'appel suivant :

Orléans, 15 octobre 1910.

Camarades,

Votre Comité de grève, à qui vous donnez toute confiance, d'accord avec le Syndicat National, vous donne l'ordre de cesser le travail immédiatement. Cela est déjà fait à Orléans.

Cessant le travail de par notre ordre, vous n'aurez à le reprendre que sur notre avis formel.

Pour le Comité de Grève et de Contrôle :
Le Secrétaire Central du P.-O.,
HAYS, JONQUIÈRES.

Le dimanche 16 octobre, le Comité de grève reçoit toujours de mauvaises nouvelles des groupes parisiens. Il décide de galvaniser les grévistes en organisant une manifestation au bois de Vincennes. A cet effet, l'affiche suivante est placardée :

Cheminots !

M. Briand dit: « la grève est terminée ». Les journaux à sa solde écrivent : « la grève est terminée. Les cheminots reprennent le travail ».

Puisque les salles sont trop petites pour vous contenir tous à la fois ; puisque la presse bourgeoise se refuse à dire la vérité à l'opinion publique ; c'est à vous de faire la démonstration éclatante de votre nombre.

Votre Comité de grève a décidé de vous convoquer pour demain lundi de 7 heures à 9 heures du matin sur les pelouses du lac Daumesnil. La presse, qui sera là, pourra constater si la grève est terminée.

De son côté le Comité de grève va organiser son service d'ordre.

Il a écrit à M. Briand pour l'aviser de sa décision. Il lui a dit qu'il ne voulait pas troubler l'ordre, qu'il avait danc ce dessein choisi une heure matinale pour ne pas gêner le public qui circule. Il est sûr que M. Briand donnera des indications à ses troupes de police pour que la journée se passe sans incidents.

S'il en était autrement, c'est à M. le Président du du Conseil que remanterait la responsabilité de ces incidents.

Mais une telle **mobilisation** n'est possible que si vous prenez vis-à-vis de vous-mêmes l'impérieuse décision de faire preuve du calme le plus absolu; que si, en face des forces policières ou militaires qu'accumulera M. Briand, vous êtes résolus à ne répondre à aucune provocation, **comme à ne tolérer de la part de l'un des vôtres aucune provocation, même involontaire.**

Votre Comité de grève est sûr que vous avez confiance en lui, que vous lui obéirez pour la réussite de la démonstration.

Dans l'*Humanité* de lundi matin vous trouverez le plan des pelouses où nous vous convoquons.

Cheminots !

Nous comptons sur votre fermeté.
Nous comptons sur votre calme.
Nous comptons sur votre dignité.

Et vous, les hésitants ! Camarades qui travaillez encore, ne vous déciderez-vous pas devant le gigantesque effort accompli pour le bien-être de tous, du vôtre comme du nôtre, ne vous déciderez-vous pas à vous joindre à nous ?

Qu'avez-vous à redouter quand le mouvement grandit en province sur tous les réseaux ? On ne révoquera pas, on n'emprisonnera pas cent mille hommes.

Cheminots !

Tous demain, lundi, de 7 à 9 heures du matin, au lac Daumesnil.

En tenue du travail

Le COMITE DE GREVE.

D'autre part, la lettre suivante est envoyée à M. Briand :

Paris, le 16 octobre 1910.

Monsieur le Président du Conseil,

La grève n'est pas terminée.

Puisque les journaux veulent faire croire, puisque vous-même vous paraissez croire que le nombre des grévistes diminue, nous portons à votre connaissance que le Comité de Grève a convoqué tous nos camarades pour une grande démonstration qui aura lieu demain lundi, de 7 à 9 heures du matin, sur les pelouses du lac Daumesnil.

Nous savons, Monsieur le Président du Conseil, tout ce que peut avoir de périlleux une telle démnostration. Mais nous vous rappelons que dans le discours — le premier que vous prononçâtes à la Chambre — sur les évènements de Terrenoire, vous avez déclaré combien les cortèges organisés, les vastes manifestations avaient d'importance pour que les grévistes prennent confiance en eux-mêmes, pour que s'exprime visiblement la force de leur solidarité.

Nous savons aussi que l'heure est pour nous aux résolutions les plus hautes, et nous savons que nous trouverons chez nos camarades le souci du respect des engagements que nous charge de vous communiquer le Comité de Grève.

L'ordre ne sera pas troublé. Nous en prenons l'engagement et la responsabilité.

Il n'y aura pas de cortège dans Paris.

L'arrivée sur les pelouses se fera de 7 heures à 9 heures.

Le départ par dispersement se fera de 11 heures à midi.

Vous remarquerez, Monsieur le Président du Conseil, qu'une heure matinale a été à dessein choisie, afin de limiter à son minimum la gêne que pourrait éprouver le public circulant.

Nous vous prions d'agréer, Monsieur le Président, du Conseil, etc., etc...

Pour le Syndicat national :

R. COMMUNAY.

Pour la Fédération :

MORIN.

De son côté, M. Briand répond officiellement à la délégation du groupe parlementaire des chemins de fer par la lettre ci-après :

Paris, 16 octobre 1910.

Le Président du Conseil, Ministre de l'Intérieur et des Cultes, à Messieurs les Députés, membres du groupe de défense des intérêts corporatifs des employés et ouvriers des chemins de fer.

Messieurs les Députés et Chers collègues,

Une délégation de votre groupe me fait connaître le vœu que vous avez émis de voir le Gouvernement intervenir entre les Compagnies de chemins de fer et les organisations syndicales de leur personnel, pour mettre fin au conflit actuel.

J'ai l'honneur de vous faire savoir:

1° Que je considère la grève comme virtuellement terminée, la presque totalité des agents ayant repris le travail dans des conditions normales;

2° Que le Gouvernement, ainsi qu'il l'a déclaré publiquement, n'a nullement l'intention de solidariser la masse de ces travailleurs avec les auteurs de faits criminels qui ont précédé, accompagné ou suivi la déclaration de grève; qu'il demeure prêt à faire tout ce qu'il est en son pouvoir pour améliorer leur sort. A cet égard, déjà, avant la grève, il leur avait obtenu des Compagnies un certain nombre d'avantages, lesquels même, depuis la grève, viennent de s'accroître à la suite de nouveaux pourparlers entre le ministre des Oravaux publics et les Compagnies;

3° Que je reste, conformément à ma promesse, disposé à recevoir des organisations légales des travailleurs des chemins de fer leurs revendications précises et détaillées pour les communiquer aux Compagnies, mais à la condition que ces organisations cessent d'être en révolte contre la loi militaire et que leurs communications ne me soient pas transmises sous la signature d'agents faisant parti du Comité de grève, révoqués pour refus de service depuis que la décision d'appel a paru et par suite exposés à être arrêtés par ordre de l'autorité militaire à la porte de mon cabinet dans le moment même où ils se présenteraient pour s'entretenir avec moi.

De crainte que le Gouvernement n'interdise la manifestation projetée, le Comité de grève donne aux grévistes les indications suivantes par la voie de l'*Humanité* :

L'*Humanité* publiera dans son numéro de demain toutes les indications du Comité de grève pour la démonstration de Daumesnil.

Aujourd'hui dimanche 16 octobre, tous les cheminots grévistes sont invités à se rendre dans leurs permanences respectives afin que leur soient soumises les indications déterminées par leur Comité de Grève pour la démonstration de demain.

Demain lundi 17 octobre, Grande Réunion à 2 h. à la Bourse du Travail.

Pour les Soldats

Camarades cheminots !

Il faut prévoir pour la démonstration que vous organisez demain au lac Daumesnil un déploiement considérable de forces militaires.

Le Comité de Grève croit devoir vous adresser un appel suprême au calme.

Vous allez vous trouver en contact avec des soldats petits pioupious amenés là par la force de la discipline.

Vous ne devez pas oublier que ces soldats sont pour la plupart, comme vous, des travailleurs, des fils de travailleurs.

Nous vous demandons de leur donner par votre attitude à leur égard, l'impression que vous ferez tout pour éviter de les placer entre leur conscience de prolétaire et leur consigne de soldat.

Le Comité de Grève.

Comme il était à prévoir, le gouvernement fit savoir par la note ci-après, publiée par l'agence Havas, qu'il interdisait la manifestation :

La manifestation à laquelle il est fait allusion dans le document ci-dessus a été interdite par le gouvernement.

Dès la réception de la lettre du Comité de grève, le président du Conseil a donné des instructions formelles en ce sens. Dans une conférence qu'il a eue avec le ministre de la Guerre et le préfet de police, toutes les dispositions ont été prises pour empêcher la réunion projetée.

M. Briand, président du Conseil, a fait à ce sujet les déclarations suivantes :

Cette réunion. qui est illégal ne peut pas avoir lieu et n'aura pas lieu.

Elle est organisée en manière de défi au gouvernement avec l'espoir évident que la grève ne se termine pas sans incident violent et sans désordre.

Je suis convaincu que les travailleurs des chemins de fer se rendront compte du but poursuivi par les instigateurs de cette manifestation et qu'ils auront le bon sens et la sagesse de s'abstenir d'y prendre part.

Quant à moi, j'ai pris toutes les mesures les plus minutieuses et les énergiques pour que la réunion n'ait pas lieu.

Le groupe Paris-Nord écrit au Comité de grève pour demander que des négociations soient engagées avec le Gouvernement. Le Comité n'a pas pu les obtenir. M. Millerand, l'homme des grandes Compagnies, est visiblement l'inspirateur du refus opposé aux demandes d'entente. Il sait que le conflit, en se prolongeant, tournera au désavantage des grévistes et, d'un autre côté, il excite l'animosité des organisations ouvrières, du monde du travail et du public contre M. Briand, qui a la responsabilité de la prolongation de la grève.

Le Comité de grève décide d'envoyer des délégués auprès des groupes parisiens afin de rendre courage aux grévistes. Bidamant est du nombre de ces délégués ; mais à Clichy et à Grenelle, où il prend la parole, il sème le découragement et Leguen, secrétaire du groupe Paris-Saint-Lazare, doit parler après lui pour effacer l'impression qu'il a produite.

De la province, voici les nouvelles du jour :

Sur l'Est, à Charleville, 4.000 grévistes acclament la continuation de la lutte. Amagne-Lucquy, Pantin, Noisy et toutes les Ardennes tiennent bon.

Sur le Nord, à Lille, 6.000 grévistes ; à Amiens. Aulnoye, Creil, Beauvais, nulle défection. Dans d'autres centres, quelques signes de fatigue.

Sur l'Ouest-Etat, d'après Buissonnière, qui vient en automobile de Sotteville-les-Rouen, le découragement commence dans cette localité.

Sur le P.-O., arrestations de 12 cheminots à Orléans ; on signale des rentrées un peu partout.

Sur le P.-L.-M., pas de grève en banlieue, des rentrées à Paris. La grève s'accentue en province.

Sur le Midi, le mouvement gagne de proche en proche.

Le lundi 17 octobre, le Comité de grève reçoit de deux syndiqués non grévistes, Coste et Renaudel, l'offre d'être délégués auprès du Gouvernement pour négocier.

Au bois de Vincennes, un formidable appareil militaire est déployé.

Les grévistes affluent à la rue de la Grange-aux-Belles, siège de la C.G.T.

L'affiche suivante est apposée dans la matinée :

Camarades,

Nous vous avions proposé de faire ce matin lundi 17 octobre, une démonstration qui vous permettrait de répondre, par l'évidence de votre masse, aux nouvelles tendancieuses de la presse et aux affirmations mensongères de M. Briand sur « la grève terminée ».

A l'heure même où nous soumettions ce dessein à votre approbation dans toutes les permanences, M. Briand déclarait, par un communiqué officiel, qu'il avait résolu d'empêcher votre rassemblement et qu'il prendrait les dispositions les plus minutieuses et les plus énergiques pour qu'il n'ait pas lieu.

Fidèle à la tactique qu'il a suivie depuis le début du conflit, votre comité de grève a décidé de ne pas aller au-devant d'incidents qui pourraient compromettre le succès de votre admirable mouvement. Libre à M. le Président du Conseil de déclarer que nous voulons la violence et le désordre. Nous lui laissons ce nouveau mensonge pour compte. Nous allons prouver, une fois de plus, la fermeté et la netteté de nos intentions.

Votre comité de grève décide de renoncer à la manifestation projetée. Vous n'irez donc pas aux pelouses Daumesnil.

Mais par l'interdiction, pleine de menaces, qu'a lancée M. le Président du Conseil, le but que nous poursuivions par notre démonstration se trouve en fait déjà atteint.

Que voulions-nous ?

Prouver à tous, prouver à l'opinion publique impartiale mais déroutée par des affirmations inexactes, que notre nombre est intact, qu'il est toujours formidable.

Si M. Briand ne le croyait pas, s'il était vraiment convaincu de la fin de la grève, il n'aurait pas interdit la manifestation, il l'aurait laissée se dérouler.

Il l'a interdite ; et cette interdiction même est la preuve de notre nombre, de notre force.

Camarades ! vous le démontrerez encore en vous rendant tous aujourd'hui dans vos permanences à 7 heures du matin et en venant de là à 9 heures à la Bourse du Travail, où le comité de grève vous soumettra, dans sa vérité réconfortante, la situation de la grève.

Haut les cœurs, camarades ! La lutte sera féconde.

LE COMITE DE GREVE.

Dans l'après-midi, immenses réunions à la Bourse du Travail et à la Porte-Dorée. La continuation de la grève est acclamée.

Dans la soirée, les mauvaises nouvelles arrivent plus nombreuses. Des rentrées ont lieu à Paris-Est, Nancy, Pantin, Châlons-sur-Marne et Reims. La grève a pris fin à Longuyon et à Epinal. Nancy n'a pas bougé. Seuls, tiennent bon Amagne-Lucquy, Charleville, Mohon, Mézières et

Longwy. Les révocations sont de plus en plus nombreuses. Les chefs de service se rendent au domicile de grévistes pour les ramener au travail. Les arrestations de militants se multiplient.

A Paris-Nord, les 545 mécaniciens qui, l'après-midi, ont voté à l'unanimité la continuation de la grève, vont se faire inscrire à 9 heures du soir pour reprendre le travail au nombre de 390. A Tergnier, la reprise du travail est presque complète. A Crépy, les grévistes votent la reprise.

Sur l'Orléans, des rentrées en grand nombre ont lieu partout.

Sur le P.-L.-M., aucune nouvelle de la grève.

Sur l'Ouest-Etat, beaucoup de défections, sauf Paris-Saint-Lazare, qui tient bon.

Seul, le Midi donne des nouvelles du succès du mouvement.

Le Comité de grève craint une rentrée plus générale pour le lendemain lundi. D'autre part, le refus de négocier opposé par le Gouvernement lui ferme toute issue convenable à la grève. Celle-ci va se désagréger chaque jour plus fortement. Ce sera la débâcle. Mieux vaut la prévenir et profiter des rentrées du lundi pour effectuer une retraite en bon ordre. C'est en obéissant à ces considérations que, vers minuit, il se décide, après une longue délibération, à déclarer la reprise du travail. Le communiqué suivant fut aussitôt rédigé et porté à l'Agence Havas :

A l'unanimité, le Comité de grève décide que la reprise du travail aura lieu aujourd'hui mardi 18 octobre sur tous les réseaux.

Le comité de grève décide en outre la publication immédiate d'un manifeste qui donnera les raisons de sa résolution et demandera aux cheminots de prendre toutes les mesures pour la sauvegarde et le progrès de leurs organisations syndicales.

Ensuite, la déclaration ci-après fut élaborée pour être communiquée à la presse le lendemain :

Après sept jours de lutte, votre comité de grève a décidé la reprise du travail.

Si douloureux que puisse être, dans le cœur de tous, le retentissement de sa décision, votre comité n'a pas hésité à le prendre, comme la seule qui convînt à l'intérêt syndical lui-même.

Le comité a préféré la rentrée sans conditions à des pourparlers mensongers qui ne pouvaient plus être poursuivis sans humiliation.

Il n'a pas tenu à vous que notre grève ne réussit pleinement. Aujourd'hui encore nous pouvons dire que si un fléchissement s'était marqué depuis deux jours à Paris, le nombre des grévistes, resté considérable, comme l'ont prouvé nos réunions d'hier et l'état de la province eussent permis de garder encore presque intacte la force du mouvement.

Votre comité de grève a voulu une rentrée en bon ordre, afin que l'organisation prouvât ainsi sa vitalité et sa discipline.

Dans un dernier communiqué, par l'intermédiaire de sa police, le gouvernement s'est mis au service des compagnies pour assurer définitivement les révocations suspendues sur les militants. Sans plus attendre et puisque la grève ne peut être victorieuse, *que du moins le comité de grève soit SEUL à porter toutes les responsabilités*, s'il plait au gouvernement de les rechercher.

Sous un gouvernement de liberté, sous un gouvernement qui aurait compris la folie des violences arbitraires accumulées sur le monde du travail, notre grève — grève corporative et professionnelle s'il en fût — aurait amené à composition les Compagnies. Mais le gouvernement n'a rien épargné pour s'abaisser au niveau du patronat le plus féroce.

Menaces, révocations, arrestations, illégalités, décrets arbitraires de mobilisation ou de militarisation, violation de toutes les libertés syndcales ou individuelles, M. Briand a tout employé.

Nous l'avons vu soutenu et poussé par une presse avide de ses faveurs, à la solde de toutes les puissances d'argent, prête à tous les mensonges pour déshonorer notre mouvement, acceptant d'avance toutes les fables de la basse police, grossissant tous les incidents pour affoler l'opinion.

Et le dégoût nous est venu quand, nous rappelant les viles flagorneries de certaines campagnes électorales, nous avons vu enfin la plupart des parlementaires inscrits au groupe de défense des travailleurs des chemins de fer opposer à ceux des leurs qui essayaient d'intervenir en notre faveur, la plus scandaleuse inertie, la plus cynique des abstentions.

L'héroïsme de nos militants, qui s'est dépensé sans compter, le sacrifice, d'avance accepté par eux, de leur liberté, ne pouvait suffire à assurer la victoire.

Nous n'en avons pas moins la conscience et la fierté d'avoir fait la démonstration de notre force, d'avoir prouvé qu'un grand mouvement était possible parmi les travailleurs des chemins de fer. Nous savons que chez ceux-là mêmes qui n'ont pas pris leur part de responsabilités et sont restés au travail, nous avons fait naître le sentiment du devoir qu'il eût fallu accomplir.

L'avenir développera les conséquences de notre action.

Nos revendications, si modérées :

— Cinq francs par jour,

— Rétroactivité des retraites,

— Réglementation du travail,

devront nous être accordées.

Elles nous le seront parce que l'opinion publique, dont la sympathie ne nous a pas fait défaut pendant la grève, nous continuera son appui.

Elles le seront parce que nous resterons fermes devant les gouvernements d'aujourd'hui et de demain ; parce que nos organisations syndicales sont toujours debout ; parce que, conscients des nécessités de s'unir, les cheminots vont resserrer les liens des deux organisations qui affrontèrent ensemble la lutte ; parce qu'elles les fortifieront sans relâche de leurs adhésions nouvelles.

Après la tourmente, c'est le plus sacré de nos devoirs de recommencer la propagande et l'agitation. Nous n'oublierons pas que dans les prisons, à la porte de nos ateliers, de nos dépôts et de nos gares, sont les meilleurs d'entre nous et que n'ont pas été tenus à leur égard les engagements pris cependant par des milliers et des milliers de grévistes, de ne pas les laisser sacrifier. C'est pour eux maintenant, pour les ramener près de leurs femmes, pour les arracher aux griffes d'une justice implacable, pour leur rendre leurs moyens de vivre, que sans relâche nous devons agir.

Nous n'oublierons pas non plus le concours trouvé près de la Confédération Générale du Travail, près des travailleurs de toutes les corporations. Leur solidarité engage la nôtre à l'avenir. Mettons-nous en mesure d'y répondre.

Cheminots, vaincus nous ne sommes pas abattus. Pour le Syndicat national, pour la Fédération des chauffeurs et mécaniciens, serrons nos rangs et préparons, en acquérant la force, la revanche de notre droit.

Pour le Comité de grève:

Pour le Syndicat national : Communay, Fenot, Grandvallet, Jouanneaux, Marchal.

Pour la Fédération des mécaniciens et chauffeurs : Morin, Raimbaud, Sauvé.

Ainsi prit fin cette grève, dont le retentissement a été énorme, mais dont le succès a été irrémédiablement compromis par son début précipité. La preuve est faite que les troupes du Syndicat National n'étaient pas encore prêtes à engager la bataille. Il ne suffisait pas, en effet, de se fier aux manifestations de mécontentement du personnel des chemins de fer pour en inférer qu'il était capable d'aller avec ensemble dans une lutte redoutable et même de résister longtemps aux forces concentrées des Compagnies et du Gouvernement. Ce sont seulement des travailleurs déjà éduqués et bien disciplinés, ayant compris la nécessité d'une politique de classe, qui sont capables de livrer de semblables combats. Les cheminots se sont simplement laisser entraîner par leurs colères. Ils ont été victimes de celles-ci, autant que des excitations des anarchistes.

L'examen de la nature des interventions qui se sont produites pendant la grève, de la part de la C. G. T., du parti socialiste et de l'*Humanité*, de la *Guerre Sociale*, ainsi que des moyens employés par le Gouvernement et les Compagnies, va permettre de se rendre compte des influences étrangères au Syndicat National sur le mouvement.

LA C. G. T. ET LA GREVE

Le 12 octobre, le secrétaire du premier Comité de grève, Lemoine, recevait de Jouhaux, secrétaire de la section des Fédérations, une lettre offrant le concours de la C. G. T.

C'est le second Comité de grève qui, le lendemain, répondit. Il exprimait le désir que la grève des cheminots conservât son caractère purement corporatif, mais il sollicitait en même temps le concours moral et financier des organisations adhérentes à la C. G. T. Le secrétaire du Comité, Communay, fut chargé de se rendre à la réunion du Comité confédéral, convoqué pour le soir même, et d'y faire une déclaration dans e sens ci-dessus. Lorsqu'il arriva, vers 10 heures, au siège de la C. G. T., la réunion du Comité confédéral s'était déjà séparée.

La C. G. T. ne chercha pas à provoquer un mouvement général de grève à l'occasion du conflit des cheminots comme elle le fit à l'occasion des grèves de Draveil et des P. T. T. Elle se borna à appuyer le mouvement des chemins de fer par une affiche (Bravo, les Cheminots !), par une organisation de secours et par la publication d'un numéro spécial de la *Voix du Peuple*.

Seuls, les électriciens et une partie des ouvriers des transports tentèrent de se joindre à la grève des cheminots en cessant eux-mêmes le travail.

Quant aux maçons, ils firent une grève professionnelle en profitant du trouble causé par la grève des chemins de fer.

LA GREVE ET LE PARTI SOCIALISTE

Dès la première heure du conflit des cheminots, le parti socialiste fit appel à ses adhérents pour soutenir les grévistes moralement et matériellement.

Le groupe des députés organisait le 13 octobre une permanence au Palais-Bourbon, de manière à se tenir continuellement à la disposition des cheminots, et lançait, d'accord avec la Commission administrative permanente du parti, le manifeste suivant :

CITOYENS,

Contre une grève légale et que lui-même a rendue inévitable, le gouvernement sévit. Il emploie la calomnie, en essayant de persuader au pays que la grève n'est pas professionnelle.

Elle a au contraire pour objet des intérêts *strictement professionnels*. C'est pour obtenir la *rétroactivité de la retraite*, solennellement promise par un vote de la Chambre; c'est pour être protégés contre des *journées de travail exténuantes;* c'est pour conquérir un *repos périodique assuré;* c'est pour avoir enfin des *salaires qui leur permettent de vivre* avec la *cherté croissante de la vie* que les travailleurs de la voie ferrée se sont mis en grève.

Ce n'est pas de gaieté de cœur, ce n'est pas à la légère qu'ils ont pris cette résolution. Et ils souffrent de ne pouvoir se défendre eux-mêmes qu'en infligeant à la population des jours de gêne et d'embarras, mais ils ont été acculés à la lutte par l'égoïsme des Compagnies, par la molesse des pouvoirs publics, par toutes les manœuvres dilatoires d'un gouvernement dévoué aux intérêts du Capital.

Ce n'est pas sur ces probes et fermes ouvriers, qui ont soutenu héroïquement un ervice tous les jours plus pesants; **c'est sur les dirigeants aveugles et cupides que doit porter la responsabilité** des événements; *c'est à eux que le pays doit demander des comptes*. Le sentiment même de leurs fautes et de leurs sesponsabilités les affole jusqu'au délire et jusqu'au crime.

Ils portent atteinte aux premières et trop faibles libertés conquises par la classe ouvrière. *Biffant comme d'un trait de plume les lois sur les coalitions, les lois sur les syndicats;* ils remontent ou plutôt ils redescendent aux lois de police de 1845. Ils font application aux travailleurs en grève de lois destinées à protéger les trains contre les bandes de pillards qui les assaillaient.

Ils osent menacer du bagne, ils osent menacer expressément DE LA PEINE DE MORT et du COUTEAU DE DEIBLER les ouvriers coupables d'exercer un droit légal !

Ce serait particulier à la folie de ces hommes que de paraître prendre au sérieux ces menaces insensées, ces procédures d'aberration. Mais elles montrent à quel degré de réaction et d'égarement dans la réaction le gouvernement est parvenu.

Par un révoltant abus de pouvoir, par une *interprétation monstrueuse* et *une extension illégale* des décrets sur l'organisation militaire des chemins de fer, le ministère applique des dispositions prévues pour la défense nationale, à la répression de la grève. *IL TRANSFORME ILLEGALEMENT LES OUVRIERS EN SOLDATS*, pour les remettre comme des esclaves publics aux mains des Compagnies substituées à la Patrie elle-même.

Et ces mesures sont promulguées, appliquées par des hommes qui ont jadis prêché aux travailleurs l'emploi des moyens révolutionnaires et qui, si le système des *complicités morales* qu'ils invoquent pour frapper avait un sens, *DEVRAIENT ETRE DEJA SAISIS PAR LEURS POLICIERS ET CONDAMNES PAR LEURS JUGES.*

Vous protesterez tous, travailleurs républicains libres, citoyens des cités et des campagnes contre cet *abus de la force*, contre ce déchaînement de réaction et d'arbitraire. *VOUS DEFENDEREZ LE DROIT DE GREVE MENACE.* C'est à vous que le Parti Socialiste fait appel.

Le devoir du Parlement, dans ces jours de crise, *est de se réunir sans délai.* Il est impossible qu'il abdique. Nous avons soumis à M. le Président de la Chambre une demande de convocation immédiate. Il dépend des représentants du pays de la rendre efficace en y joignant leurs signatures. Honte à ceux qui par pusillanimité, par trahison, laisseraient le champ libre à la politique la plus violente et la plus fourbe qui ait depuis de longues années compromis et déshonoré la République !

En ajournant la réunion de la chambre, ils deviendraient responsables de la continuation du conflit. QUE SEULES LES COMPAGNIES PEUVENT RESOUDRE, en accordant aux ouvriers, sous la pressionde la volonté nationale, les justes satisfactions réclaméespar eux.

Vive la Solidarité Ouvrière !

Vive la République Sociale !

La Commission administrative permanente :

Marius André, Bœmer, Henri Binet, Cambier, Camélinat, Chastanet, Louis Dubreuilh, Ducos de la Haille, Gérard, Héliès, Paul Lafargue, Jean Longuet, Mayéras, citoyenne Pelletier, Poisson, Renard, Pierre Renaudel, Lucien Roland, Maxence Roldes, citoyenne Roussel, Tanger, J. Uhry.

Le Groupe Parlementaire :

Albert Poulain, Albert Thomas, Aldy, Aubriot, Barthe, Basly, Bedouce, Betoulle, Bouveri, J.-L. Breton, Briquet, Brenier, Brizon, Bouisson, Bouhey-Allex, Cabrol, Cadenat, Camelle, Colly, Compère-Morel, Dejeante, Delory, Doizy, Dubled, Ducarouge, J. Dufour, Charles Dumas, Emile Dumas, Ellen-Prevot, Faure, Fourmenf, Ghesquiere, Goniaux, Groussier, Goude, Guesde, Hubert-Rouyer, Jaurès, Lagrosillière, Lamendin, Lauche, Lavaud, Lecointe, Lheureux-Molle, Lhoste, Manus, Marietton, Mauger, Meslier, Mille, Mistral, Myrens, Nectoux, H. de la Porte, Léandre, Nicolas, Raffin-Dugens, Reboul, Ringuier, Roblin, Rognon, Rouanet, Roux-Costadau, Rozier, Sarin, Selle, Marcel, Sembat, Sixte-Quenin, Tarbouriech, Thivrier, Ed. Vaillant, Veber, Vigne, Voilin, Walter, Willm.

La Fédération de la Seine convoqua les travailleurs à un grand meeting de protestation. qui se tint le 14 octobre, au manège Saint-Paul, avec le concours des élus socialistes.

En invitant ses membres à prendre part à ce meeting, la Commission permanente publiait une note indiquant que, « si le parti n'avait pas à se substituer aux intéressés pour la conduite de leur mouvement, il devait, par contre, manifester sa pleine et entière solidarité avec les camarades des chemins de fer en lutte ».

Cette note indique exactement quelle a été l'attitude du Parti socialiste à l'égard des cheminots. L'autonomie du Syndicat a été scrupuleusement respectée par les socialistes, qui ont simplement appuyé le mouvement gréviste dans toute la France.

A la Chambre, les élus socialistes ont mené une énergique campagne contre le ministère, dont les agissements avaient contribué à déchaîner et à briser la grève. Ils ont poursuivi sans relâche la réintégration des 3.000 cheminots révoqués pour avoir usé du droit de grève qui leur avait été reconnu à la tribune du Sénat par le ministre des Travaux publics Barthou.

Enfin l'*Humanité* devenu le journal officiel du Comité de grève qui lui donna le monopole exclusif se ses communiqués. Fut naturellement le seul des grands journeaux parisiens qui renseigna exactement le public et les cheminots sur la marche de la grève.

Ce monopole que lui avait concédé le Comité de grève fit que malheureusement, la classe ouvrière qui lit beaucoup plus la grande presse d'information, ne put être renseignée par celle-ci sur les phases exactes de la grève; puisqu'elle ne fut alimentée que par les communiqués des Compagnies et du Gouvernement.

Il fit aussi que l'*Humanité* fut accusé par les anarchistes d'avoir dirigé la grève des cheminots à seule fin d'augmenter la vente de son papier.

A mon avis ce fut donc une grande faute que de boycotter la grande presse.

LA GREVE ET LA « GUERRE SOCIALE »

Ce que je viens de dire de l'*Humanité* ne peut aucunement s'appliquer au journal la *Guerre Sociale* qui, de son propre aveu, a eu une sérieuse influence sur le mouvement des cheminots.

Depuis longtemps, cet organe anarchiste se mêlait des affaires intérieures du Syndicat National des chemins de fer et, par des campagnes de dénigrement systématique contre certaines individualités, s'efforçait de saper l'influence des socialistes et des syndicalistes réformistes. Ce fut d'abord à Marius-André, membre de la Commission permanente du Parti socialiste, rédacteur au *Socialisme*, organe de Jules Guesde et militant du Syndicat National, que s'en prit la *Guerre Sociale*, qui l'accusa d'être « vendu aux Compagnies » (1). Ce fut ensuite Guérard, le secrétaire général du Syndicat, dont l'action et le talent gênaient les anarchistes, que le journal de Gustave Hervé entreprit de démolir. Il y parvint d'ailleurs, ce qui permit aux anarchisants du Syndicat d'influencer celui-ci pour la grève immédiate. Ces syndiqués anarchisants, Bidamant, Le Guennic et autres, publiaient des appels virulents pour la grève dans la *Guerre Sociale* et lui fournissaient, en outre, les renseignements dont elle avait besoin pour sa campagne contre les réformistes et les socialistes du Syndicat National. Ce journal était représenté officieusement dans le sein du Conseil d'administration du Syndicat. Il est certain qu'il a une large part de responsabilité dans la déclaration de grève anticipée.

Dans son numéro du 2 novembre 1910, il disait :

Ce n'est pas la police qui a *orienté* la grève. Elle a été *orientée* par les mêmes éléments révolutionnaires qui ont amené, non sans peine, le parti unifié (sa

(1) Marius-André, qui était sous-chef de bureau au Contentieux de la Compagnie P.-L.-M., aux appointements de 4,000 francs, a été rétrogradé et déplacé, parce que sa signature avait été apposée, comme celle de tous les membres de la C. A. P., au bas du manifeste du Parti socialiste, en faveur des cheminots.

majorité) a adopter la motion disant que pour s'opposer à la guerre, on ira jusqu'à la grève générale et à l'insurrection.

D'autre part, la *Guerre Sociale* avait annoncé à grand bruit l'organisation d'une association de saboteurs chargés de porter secours aux grévistes de la voie ferrée en détruisant le matériel. Ces saboteurs n'ont, en réalité, coupé que des fils télégraphiques et téléphoniques qui ont été aussitôt rétablis. Ils n'ont pu empêcher le fonctionnement des trains dans les régions où les cheminots continuaient à l'assurer. Le service qu'ils ont rendu à la grève a donc été nul. Par contre, ils ont servi de prétexte pour ameuter l'opinion publique contre les cheminots et pour justifier les *illégalités* de M. Briand.

La *Guerre Sociale* donnait dans chaque numéro la nomenclature des actes de sabotage et disait le 22 octobre :

> Depuis des mois, nous nous sommes engagés à travailler de notre côté, à notre façon, à la victoire des cheminots en grève.
>
> Là encore nous avons tenu notre promesse.
>
> Ce n'est pas notre faute si les cheminots ont cédé.
>
> Nous prenons aujours'hui un nouvel engagement. C'est de poursuivre notre besogne jusqu'au bout.

Belle besogne, on l'a vu !

LE GOUVERNEMENT ET LA GREVE

Il n'est pas douteux que le ministère Briand-Millerand avait pris depuis longtemps, d'accord avec les Compagnies, toutes les mesures utiles pour entraver la grève.

Dès la première heure, le 5e génie, la police et toute l'armée nationale furent mis à la disposition des Compagnies. Préfets, sous-préfets et magistrats furent également mobilisés. Les cheminots furent militarisés et bon nombre de militants emprisonnés.

En fait, ces mesures n'ont pas pu empêcher la grève sur les réseaux où le mouvement était parti avec ensemble. Elles n'ont eu d'effet que sur les réseaux démoralisés par le flottement du début.

La plus grande habileté du Gouvernement a été de ne donner aucune communication à la presse sur l'étendue réelle de la grève et, par contre, de multiplier à plaisir les nouvelles sur les actes de sabotage commis par les « auxiliaires » des grévistes et qui furent attribués aux cheminots.

Enfin, son refus systématique d'obliger les Compagnies à entrer en pourparlers avec le Comité de grève risquait de prolonger la durée du conflit, au grand détriment du public, mais faisait admirablement les affaires des Compagnies en donnant aux grévistes l'impression que l'aventure dans laquelle ils étaient engagés était sans issue.

LES COMPAGNIES ET LA GREVE

A défaut de preuves matérielles, qu'on ne saurait avoir, les preuves morales que la grève des cheminots a été voulue par les Compagnies sont abondantes.

Il est évident que les dirigeants des Compagnies, insuffisamment renseignés sur l'état d'esprit des travailleurs des chemins de fer, ne croyaient pas que la cessation de travail aurait l'ampleur atteinte sur le Nord, l'Ouest-Etat et le Midi. Ils supposaient qu'il n'y avait qu'une infime minorité décidée à la grève et qu'ils en auraient aussi facilement raison en 1910 qu'en 1898. C'est pourquoi, partout où ils supposaient mettre le feu aux poudres, ils ont provoqué des incidents et des conflits.

Grande fut leur surprise — et leur terreur — quand la grève éclata et se répandit d'ateliers en ateliers, de gares en gares. On vit alors les chefs de service, accompagnés de la force armée, se rendre au domicile des grévistes, menacer les femmes ou leur promettre des récompenses si leurs maris reprenaient le travail. A la porte des chantiers, des ateliers et des gares, les ingénieurs pratiquaient le racolage des ouvriers.

En même temps, les révocations des militants les plus énergiques se multipliaient, jetant le trouble parmi les indécis.

Plus de trois mille cheminots, pour la plupart les meilleurs agents, ont été ainsi révoqués. Un plus grand nombre ont été rétrogradés ou déplacés. Les Compagnies espèrent ainsi briser les organisations syndicales. Elles font un faux calcul. Même si, provisoirement, un inévitable fléchissement se produit dans les rangs des syndiqués à la suite de la défaite, avant peu le courage renaîtra et l'armée ouvrière se reconstituera, plus puissante que jamais. Que les Compagnies prennent garde aux rancunes terribles qui animent aujourd'hui la grande majorité des cheminots, qu'ils aient été ou non grévistes, ceux-ci sont légion qui ressentent et ressentiront longtemps la blessure faite à la corporation tout entière. Comme le disait éloquemment le citoyen Colly à la Chambre, le ressort moral des cheminots a été cassé. Il en résulte une désorganisation complète des services et un grave préjudice pour le public et pour les Compagnies. Ce qu'on a appelé la « grève perlée », qui consiste à diriger wagons et colis dans de fausses directions et à se conformer rigoureusement aux règlements, de manière à encombrer les quais des gares de marchandises, cette « grève perlée » ne résulte pas d'une intention systématique de la part des cheminots. Ces travailleurs ont seulement pris en dégoût le travail qu'ils exécutaient avant la grève avec intelligence et zèle. Ce ne sont pas de nouvelles répressions, mais les réparations nécessaires dues au personnel qui rétabliront le fonctionnement normal des voies ferrées.

www.ingramcontent.com/pod-product-compliance
Ingram Content Group UK Ltd.
Pitfield, Milton Keynes, MK11 3LW, UK
UKHW012104240726
13965UKWH00004B/1521